文庫ぎんが堂

ゼロからわかる
北欧神話

かみゆ歴史編集部

はじめに

近年、日本におけるサブカルチャーの題材として、広く注目されるようになった北欧神話。諫山創による漫画『進撃の巨人』では、舞台設定に北欧神話の世界観が使用されていたり、北欧の神々の敵「巨人」が、人間に害をなす存在として登場したりする。アプリゲーム『パズル&ドラゴンズ』では、戦乙女「ヴァルキリー（ヴァルキューレ）」や最高神「オーディン」など、北欧の神々をモチーフにしたキャラクターが数多く登場している。

北欧神話をモチーフにしたエンターテインメントとしては、ドイツの楽劇『ニーベルングの指輪』やイギリスの文学『指輪物語』が、北欧神話の英雄や世界観をモデルにするなど、ヨーロッパでは古くから多くの作品の題材として取り入れられてきた。

また、私たちの日常生活の中に、知らず知らずのうちに溶けこんでいるものとして曜日の名前が挙げられるだろう。実は一週間のうち、火曜日（Tuesday）、水曜日（Wednesday）、木曜日（Thursday）、金曜日（Friday）は、それぞれ軍神「チュール」、最高神「オーディン」、雷神「トール」、愛と美の女神「フレイヤ」という、北欧の神々の名前がその語源になっているのだ。

生一本だが少しおバカな雷神「トール」、いたずら好きで次々と面倒事を持ちこむ邪神「ロキ」、など、北欧の神々は実にユニークで魅力的。神の敵である「巨人」たちも個性が強く、どこか憎めない愛嬌を持つ。

本書の神々の紹介ページには、住んでいる場所や種族、所持している武器などのデータをわかりやすくまとめた。さらに、彼らを象徴する神話のエピソードの他に、その神がモチーフにされた漫画、ゲーム作品や文学の紹介、キャラクター化される際の傾向なども盛りこんでいる。有名絵師の美麗イラストとともに北欧神話に思いを馳せてみて欲しい。

読者が北欧の神々に愛着を持ち、彼らのことを少しでも身近に感じていただけると幸いである。

かみゆ歴史編集部

ゼロからわかる北欧神話　目次

1章 ユグドラシルと9つの国

2章 アースガルズの神々たち

3章 ロキの一族と巨人たち

4章 神話を彩る英雄たち

北欧神話のあらすじ

原初の巨人ユミルの殺害から世界の滅亡までを描く北欧神話。その複雑怪奇なストーリーを本編を読みはじめる前に理解しておこう。

1 世界のはじまり

▶P16

原初の巨人ユミルが誕生。続いて、はじまりの神ブーリがうまれた。

2 天地創造

▶P16

はじまりの神ブーリの孫オーディンがユミルを殺し、その死体で世界を創造。

3 世界初の戦争

▶P20

魔女グルヴェイグの来訪をきっかけにふたつの神族の間で諍いが勃発。

スカジの夫選び

▶P158

父を殺された女巨人スカジが、神々の中から足だけを見て花婿をもらう。

オーディンの旅立ち

▶P146

知識を欲したオーディンは旅人に身をやつし、巨人ミーミルを訪ね、知恵を取得した。

フレイヤの不倫

▶P72

愛と美の女神フレイヤは首飾りを得るために、4人の小人と床をともにし夫を失う。

5

▶P48

バルドルの死

バルドル

ヘル

オーディンの息子ヘズがロキに唆されて、兄のバルドルを殺害。神々は冥界の女王ヘルに復活を願うも叶わず。

6

▶P28

ラグナロクの発動

オーディンvsフェンリル

天変地異が起こってすべての鎖がとかれ、捕縛されていたロキやフェンリルが解き放たれた。ロキは巨人の先頭にたって最終戦争を指導。神々と巨人は激しい攻防の末相討ちに果て、世界は滅亡する。

7

▶P32

世界の再生

破滅した世界がよみがえり、生き残ったものが住む。

4

神々の事件簿

神々と巨人の力比べ

▶P166

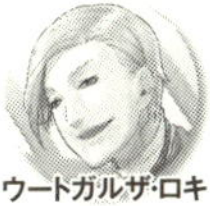

ウートガルザ・ロキ

トール

ロキ

雷神トールと邪神ロキが巨人族の王ウートガルザ・ロキに力比べを挑み敗北する。

魔狼フェンリルの捕縛

▶P62

チュール

フェンリル

軍神チュールが右腕を犠牲にしてロキの息子フェンリルを捕縛した。

小人とロキのアイテム勝負

▶P194

ブロック

シンドリ

ロキと小人の兄弟ブロックとシンドリが互いの所持する魔法の品の出来を比べあう。

本書の見方

①北欧で用いられていた古ノルド語での表記

②種族、または所属[↓P27参照]

③住んでいる国、住居、地域

④北欧神話の登場人物を大きく6つのグループに分けて表示

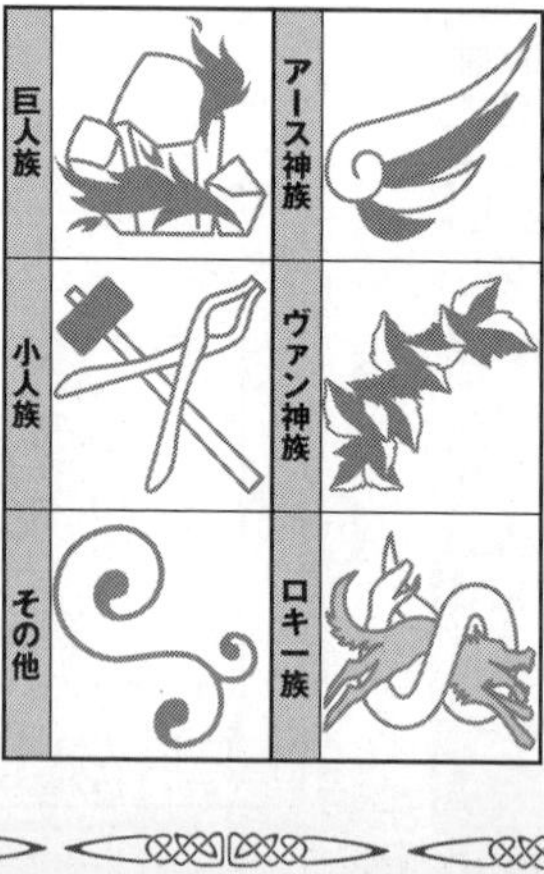

⑤固有のルーン文字を持つ神にのみ記載[↓P34参照]

⑥二つ名や変名、司る事象など

⑦所有する宝物、特異な能力、関連深い事柄など

1章

ユグドラシルと9つの国

北欧神話の特徴と成立／神々の誕生と天地創造／北欧神話の世界観／神々のグループとその性格／神話を支える「巨人」と「小人」／神々の黄昏「ラグナロク」／人間の歴史を記した「サガ」

滅びゆく世界に生きる神々の物語

北欧神話の特徴と成立

厳しい自然からうまれた破滅を描く神話

神々と巨人たちの個性溢れるキャラクターと、彼らが繰り広げる戦いが魅力の北欧神話。巨人の祖ユミルの殺人事件からはじまり、最終戦争「ラグナロク」において神々と巨人が相討ち果てるというのが、主なあらすじとなっている。実に人間くさくてユーモアたっぷりな神々のエピソードは、そのどれもが滅亡を引き起こす伏線にすぎず、すべての事柄が世界の滅亡というクライマックスに向かうよう展開される。数ある神話の中でも珍しい物語だ。

北欧神話はデンマークやノルウェー、スウェーデンなどに住む北方ゲルマン人に約2000年前から語り継がれてきたといわれる。かつて、北欧の人々は氷に閉ざされた長い冬に耐えながらも、農耕や狩猟を行って暮らしていた。毎日が生きるか死ぬかという過酷な戦いだったのだ。そういった厳しい自然環境が、北欧の神々の好戦的な性格に反映されているのだろう。

北欧神話の正確な成立時期はわかっていないが、北欧の地に古くから残る伝承や信仰、宗教などが紀元前1世紀頃から数百年にかけてひとつにまとまり、神話という形になって口承で伝えられてきた。やがて、8世紀から10世紀頃になると北欧はヴァイキング時代に突入。それまで伝えられてきた神々の物語に、格言詩や英雄伝説が加わったものが、12世紀頃に書物として記され、今日まで残っているのである。

この書物というのが、2種類の『エッダ』だ。ひとつは『古エッダ（詩のエッダ）』と呼ばれる古詩集で、17世紀に写本が発見されたものの、作者も成立時期も正確にはわかっていない。もう一方は『新エッダ（スノッリのエッダ）』と呼ばれ、アイスランド人のスノッリ・ストゥルルソンという詩人が詩学を志す人のために北欧神話を用いてつくった、詩学入門書のようなもの。両書は神話の他に、北欧における当時の暮らしを知ることができる貴重な資料でもある。北欧神話はこの2種類の『エッダ』をもとに成立しているのだ。

残虐すぎる北欧神話の世界のはじまり

神々の誕生と天地創造

巨人の死体を解体してつくられた天地

天地創造というと、大地と天の結婚からはじまるギリシア神話のように、神々の婚姻からはじまるものが一般的だが、北欧神話はというとどういうわけか巨人の殺害事件からはじまる。なんとも血なまぐさい幕開けだ。

天地が創造される前の世界は混沌《こんとん》としていて、深い穴ギンヌンガガプと灼熱の国ムスペルヘイム、極寒の国ニヴルヘイムしか存在していなかった。ある時、穴底に溜まった氷塊を熱風が溶かしたことで霧が発生して雫《しずく》が垂れ、原初の巨人ユミル［↓P140］と牝牛のアウズフムラが誕生する。

ユミルはアウズフムラの乳で育ち、自らの寝汗からうまれた女巨人ベストラとの間に子をもうけて、「霜《しも》の巨人」という一族へと繁栄。一方、アウズフムラは食料としていた塩味の氷岩を舐《な》めていると、舐めたところから人型の塊《かたまり》が現れる。塊ははじまりの神ブーリとなり、ボルという息子をもうけた。ボルはユミルの娘ベストラとの間に3人の息子を授かるのだが、その3兄弟の長男こそ、最高神オーディン〔→P36〕だ。成長したオーディン兄弟は、自らに仇《あだ》なす霜の巨人を嫌っていたため、霜の巨人の長ユミルを殺害。ユミルから流れた大量の血は洪水を引き起こし、霜の巨人たちはほぼ溺れ死んでしまった。

ユミルが死ぬと、オーディン兄弟は天地創造に取りかかったのだが、なんとそれにユミルの死体を利用したのだ。彼らはまず、ギンヌンガガプをユミルの血液でいっぱいにすると、その上に肉体を浮かべて大地をつくり、骨や歯、毛髪から山や岩、木々をつくりだす。頭蓋骨は4人の小人に支えさせて天空とし、ムスペルヘイムの火花から太陽、月、星をつくって世界を照らし、海辺で拾った流木からは人間を誕生させた。最後に、各種族の住む場所を定め、やっと世界を完成させたのだった。

巨人の死体を解体して天地を創造するなど前代未聞だが、その荒々しくて悲劇的なはじまりこそ、北欧神話の本質を表しているといえるだろう。

世界樹ユグドラシルと9つの国

北欧神話の世界観

世界の中心に立ち宇宙を構成する巨大樹

北欧神話の世界観は1本の巨大樹ユグドラシルを中心に広がる。ユグドラシルの根本は3つに分かれ、それぞれ極寒の国ニヴルヘイム、灼熱の国ムスペルヘイム、神々の国アースガルズにある3つの泉に根を下ろす。ムスペルヘイムは世界の南に、ニヴルヘイムは最北端に位置する原始の国で、その地下にあるのは、死者の国ニヴルヘル（ヘル）だ。アースガルズは海に浮かぶ大地の中央にあり、強固な城壁が守る。大地にはアースガルズの他にミズガルズとヨトゥンヘイムがあり、それぞれ人間と巨人が住んでいるという。この他にもヴァナヘイム、アールヴヘイム、スヴァルトアールヴヘイムの3国が存在しているが、所在は定かではない。

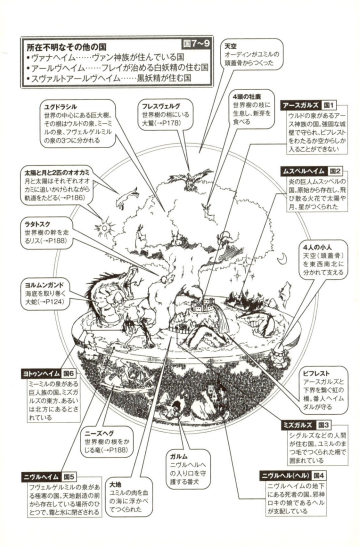

所在不明なその他の国 国7〜9

- ヴァナヘイム……ヴァン神族が住んでいる国
- アールヴヘイム……フレイが治める白妖精の住む国
- スヴァルトアールヴヘイム……黒妖精が住む国

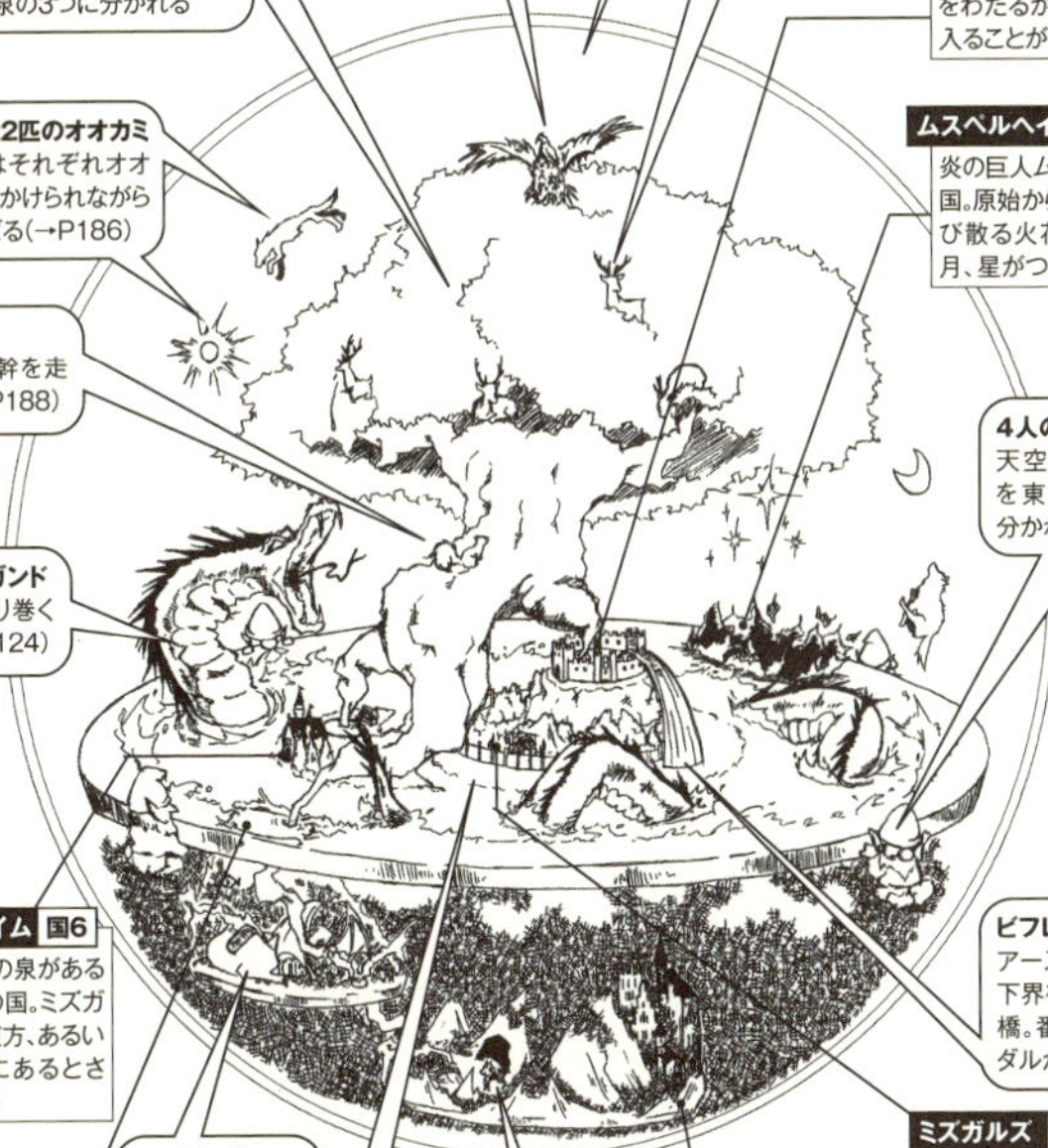

自由奔放で我が強く個性的な神族たち

神々のグループとその性格

戦闘のアース神族と豊穣のヴァン神族

北欧神話の神々は2つのグループに分けることができる。ひとつは、最高神オーディンを中心とした「アース神族」で、祭祀や魔術、法律、知識、戦闘などを司った。姿は人間とほぼ変わらず、女神イズン［↓P94］が管理している若返りのリンゴを食べているため歳を取らない。しかし不死ではなく、負傷することもあれば、光の神バルドル［↓P48］のように命を落とすこともあった。

一方、豊穣の神フレイ［↓P78］や愛と美の女神フレイヤ［↓P72］に代表される「ヴァン神族」は、豊穣や富、愛欲を司る種族だ。ヴァンは「光り輝くもの」を意味し、未来予知の能力を持っていた。特に得意だったのはセイズ呪術という魂を操る魔術で、未来予知ができたという。しかし、ヴァン神族は神話のエピソードにほぼ登場せず、フレイとフレイヤ、その父である航海の神ニョルズ〔↓P84〕以外の神々の名前や、その生活については詳しくわかっていない。

2グループの神々は一時期、敵対関係にあった。アース神族がアースガルズに住みはじめた頃は、多くの財宝や黄金であふれる、明るく華やかな生活を送っていた。しかし、魔女グルヴェイグ〔↓P68〕がアースガルズを訪れたことで一変。グルヴェイグが得意の魔術で神々の貪欲な心をかきたてたために、アース神族は次第に黄金に執着しはじめた。騒動の原因となった魔女グルヴェイグをとらえたところ、ヴァン神族だと判明したため、アース神族はヴァン神族の領土を侵攻し、世界初の戦争が勃発。戦いは長期にわたって決着がつかず、疲れきった両者は、アース神族から容姿の優れたへーニルと知恵者のミーミル〔↓P146〕を、ヴァン神族からニョルズとその子どもたちをそれぞれ人質として交換し、和解にいたったのである。

この戦争の理由については、欲望に取りつかれたオーディンの領土拡大によるものだとも、グルヴェイグへの処遇にヴァン神族が怒ったためだともいわれているが、戦争が終結して以降、両神族は相互関係を築いていく。

己が欲するままに生きる不完全さが魅力

一般的に神といえば、ギリシア神話のゼウスのようにあらゆる物事を凌駕《りょうが》する全知全能の存在を思い浮かべるが、北欧神話の神々は、そのトップに君臨するオーディンでさえ最終戦争ラグナロクを止めることができなかったり、彼らの使う魔法の品々も小人がつくったものであったりと万能ではない。

さらに、注目すべきは欲望に忠実なこと。彼らは目的を達成するためには、裏切りや色仕掛け、殺戮《さつりく》さえも厭《いと》わない。たとえば、アースガルズの城壁をつくってくれた巨人との約束を反故《ほご》にしたり、フレイヤが小人と不倫までして首飾りを手に入れたりなど、挙げればきりがない。しかし対照的に、恋愛や道徳的な物語がほぼ見られないのも、おもしろい特徴といえる。

北欧神話は神々が欲しいものを強引に手に入れる物語だといっても過言ではない。だが不思議と嫌悪感はなく、むしろユーモアに溢れた魅力ある話に感じる。それは、すがすがしいほど本能のままに生き、人間よりも人間らしい彼らの生き様に、ちょっとした憧れを感じるからかもしれない。

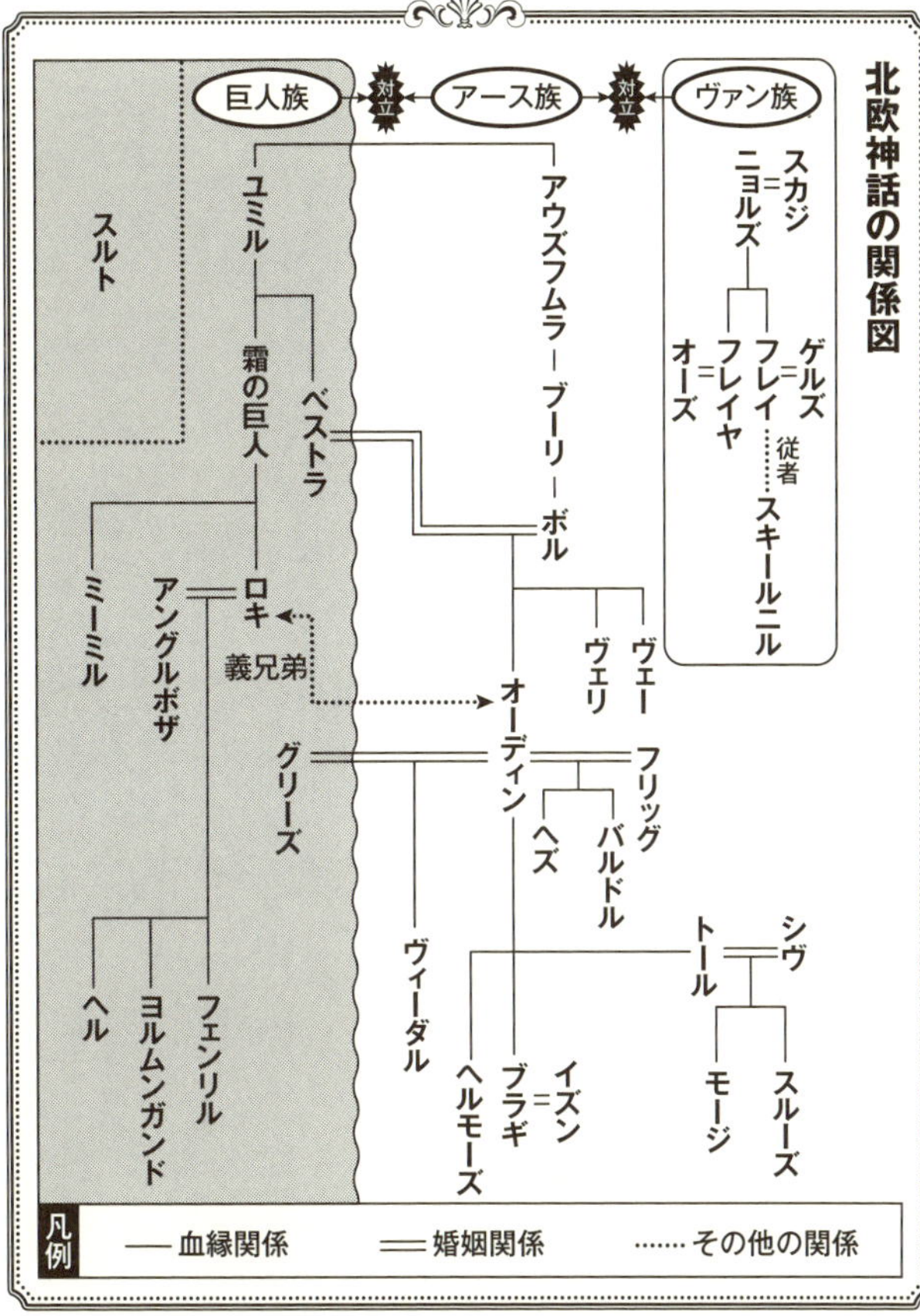
北欧神話の関係図
巨人族
対立
アース族
対立
ヴァン族
スカジ
ニョルズ
ゲルズ
フレイ
フレイヤ
オーズ
従者
スキールニル
スルト
ユミル
霜の巨人
ベストラ
アウズフムラ
ブーリ
ボル
ヴェー
ヴェリ
ミーミル
アングルボザ
ロキ
義兄弟
オーディン
グリーズ
フリッグ
ヘズ
バルドル
ヴィーダル
シヴ
トール
ヘル
ヨルムンガンド
フェンリル
イズン
ブラギ
ヘルモーズ
モージ
スルーズ
凡例
血縁関係
婚姻関係
その他の関係

北欧神話に欠かせない神の敵と名工

神話を支える「巨人」と「小人」

どこか憎めない神族の敵たる「巨人」

北欧神話を語る上で欠かせない存在である「巨人」。彼らを一言でいえば、神や人間に害悪をもたらす「敵役」にあたる。性格は獰猛《どうもう》だが単純で騙されやすく、腕っ節が強いのが特徴だ。

巨人という名前から彼らの容姿は醜い巨体に描かれることも多いが、人間と変わらないサイズのもの、魔狼フェンリル［→P118］のように獣型のもの、神々が一目惚れするほどの美貌を持つものなどさまざまだった。

巨人は怪力や魔法、ずば抜けた知識など実に多彩な特技を持っていたが、中には神々を上まわる能力を誇っているものもいた。雷神トールと邪神ロキが挑んだ力比べで、幻術を使って勝利した巨人ウートガルザ・ロキ［→P166］はその筆頭だ。一説によると、巨人は一種の魔術師だったといわれ、優れた建築技術を持ち、多くの巨石建築をデンマークに残したという。

巨人というと、原初の巨人ユミルの縁者である「霜の巨人」が有名だが、他にも炎に強い「ムスッペル（炎の巨人）」や、トールと対決したフルングニル［↓P176］が属する「山の巨人」などがおり、いくつかのグループに分けられる。これらは、北欧の自然や災害と呼応しているともいわれる。

一般的に神話は、神とその敵が光と影のように対照的な存在として描かれ、善となる神が絶対的悪を圧倒する勧善懲悪なストーリーが多い。だが、北欧神話の巨人は、ミーミルのように最高神オーディンに知恵を授けたり、女巨人スカジ［↓P158］のように神々の嫁に迎え入れられたりと、完全なる悪とはみなされていない。その上、神よりも先に誕生し、神族の中心グループであるアース神族と血縁関係があるなど、神族に匹敵する力を所持している。極めつけは、神族に退治されるべき巨人がラグナロクによって、神々を滅ぼしてしまうのである。巨人が単なる「悪」として扱われないのは、彼らが北欧の国々を取り巻く自然環境を具現化した存在だからだろう。

魔法のアイテムをうみだす「小人」

オーディンの愛槍グングニルなど、北欧神話には魅力的な魔法のグッズが数多く登場する。そのほとんどを手がけているのが、「小人（ドヴェルグ）」たちだ。その誕生には2とおりの説があり、ユミルの血と骨からつくられたとも、ユミルの死体に湧いたウジのような生物に、人間のような姿と知性を神々が与えたともいわれる。性格は邪悪で好色、鼻周辺が青白くて死人のような外見をしており、日光に弱く朝日を浴びると石化するという。手先が器用で鍛冶の術に長けているため、神々からも重宝されている。だが、彼らのつくる魔法の品は、なにかと引き替えに力を発揮するものが多いのが玉にキズだ。

小人と同一視される生物が「黒妖精（デックアールヴ）」だ。地下世界に住み、瀝青《れきせい》よりも黒く小人と似た容姿をしている。醜い黒妖精とは対照的に、太陽よりも美しいと称されるのが「白妖精（リョースアールヴ）」。その姿は神々と似ており、アールヴヘイムに住むという。白と黒の両者をまとめて「妖精族（アールヴ）」と呼び、彼らは一種の先祖霊だったと考えられている。

北欧神話に登場する5つの種族

神族 北欧神話の神々は「アース神族」と「ヴァン神族」の2グループに分けることができる

アース族 ←世界初の戦争→ ヴァン族

アース族

アウズフムラが舐めた氷からうまれたブーリからはじまる神々。ブーリの孫である3兄弟の長男、オーディンが主神を務める。黄金にきらめく国アースガルズの宮殿に住んでいる。

例 オーディン……北欧神話の最高神
ヘイムダル……虹の橋の番人
イズン……若返りのリンゴの守護者

ヴァン族

「光り輝くもの」を意味するヴァン神族。未来を読む能力を持っていたといわれているが、詳しいことはわかっていない。ヴァナヘイムという国に住んでいて、昔はアース神族と対立していた。

例 ニョルズ……航海を司る神
フレイ……豊穣の神。イング神とも
フレイヤ……フレイの妹で愛と美の女神

↕ 最終戦争ラグナロク ↕

巨人族 神族と対立するもの。乱暴者も多いが神族に匹敵する特殊能力を持つ

霜の巨人

ユミルからはじまる神族の敵。その容姿は醜い巨体だと思われがちだが、人間とほぼ変わらないもの、獣の姿をしたもの、神族が惚れるほどに端麗なものなどさまざま。一種の魔術師だったともいわれており、ヨトゥンヘイムに住む。

例 ユミル……霜の巨人の祖で原初の巨人

ムスッペル（炎の巨人）

灼熱の国ムスペルヘイムの住人。熱に耐える強靱な体を持つ。ラグナロク以外にはほぼ登場しない。

例 スルト……ムスッペルの長

妖精族（アールヴ）

神族に容姿が似ている美しい「白妖精（リョースアールヴ）」と、小人族と同一視されることもある醜い「黒妖精（デックアールヴ）」がいる。

小人族（ドヴェルグ）

魔法のアイテムをつくる名工。地中や岩の中に住み、邪悪で好色。醜い外見をしていて日光を浴びると石化する。

例 ブロック……大槌ミョルニルの制作者

人間族

神族が木からつくった。巨人を防ぐ柵で囲まれたミズガルズに住む。ラグナロク後に復活した男女が現代の人間の祖。

例 シグルズ……ファヴニール退治の英雄

神族と巨人の最終戦争と世界の終焉

神々の黄昏「ラグナロク」

ラグナロクの原因をつくったのは神？

北欧神話のクライマックスである「ラグナロク」。ラグナロクとは古ノルド語で「神々の黄昏」「神々の運命」を意味する、神々と巨人の最終にして最大の戦争のことだ。最もラグナロクを恐れていたのは、他ならぬ最高神のオーディンだった。彼は人間の戦死者の中から神々のために戦う戦士「エインヘリヤル」を徴兵。時には、自分が目をつけた勇者を戦死者とすべく、人間の世界に不和や戦火をもたらし、世界を混乱へと陥れた。

ある時、オーディンの息子ヘズ［→P54］が、邪神ロキに唆《そその》かされて兄のバルドルを殺害。神々はバルドルを復活させようとするが、ロキの策略により阻まれる。さらに怒り狂った神々は、逃げまわるロキを捕縛し拷問にかけた。ロキ

への復讐を成し遂げた神々だったが、これがラグナロクを引き起こすきっかけとなってしまう。

復讐に燃える巨人の進撃と世界の滅亡

かつてないほどの天変地異が起こり、あたりが暗闇に包まれる中、ラグナロクの混乱によって鎖が解けたロキが、死者を乗せた船ナグルファルに乗って襲来。魔狼フェンリルは大きく口を開けて世界を飲みこもうとし、海底を取り巻く大蛇ヨルムンガンド［↓P124］も大地へ上陸した。さらに、この混乱に乗じて、炎の巨人ムスッペルたちも集団攻撃をしかけてきたのだ。ついに、巨人と神々との最終決戦の火蓋が切って落とされる。

ロキには番人ヘイムダル［↓P88］が、ヨルムンガンドには雷神トールが応戦するも両者相討ち。フェンリルにはオーディンが挑んだが敗北。フェンリルも、オーディンの息子ヴィーダル［↓P106］によって引き裂かれる。ムスッペルの長スルトには豊穣の神フレイが応戦したが、かなわなかった。多くの神々と巨人が滅び、戦火で焼き尽くされた大地は、海の底へ沈んだのだった。

最終戦争ラグナロクのあらすじ

オーディンの暗躍
自分好みの戦士を集めるため、故意に諍いを起こして人間界を混乱させる。

↓

バルドルの死
バルドルが不吉な夢をみたため、神々が不安を感じる。
↓
彼の身を案じた母フリッグの願いでバルドルはほぼ不死身になる。
↓
邪神ロキがバルドルの弟ヘズを騙してバルドルを殺害する。

↓

バルドル復活の失敗
バルドル復活の許しを請いにオーディンの息子ヘルモーズが冥界を訪れる。
↓
冥界の女王ヘルは「すべてのものが泣く」という条件のもとバルドルの復活を許可する。
↓
魔女セックに扮したロキが涙を流さなかったために、バルドルの復活は失敗に終わる。

↓

ロキの捕縛
怒った神々はロキをとらえ、毒蛇を使った拷問にかける。ロキの悲鳴は大地震を引き起こした。

↓

天変地異の発生
冬が3度続き太陽と月がオオカミに飲みこまれたため、世界が暗闇に包まれる。

↓

人間界の混乱
疑心暗鬼になった人間が、親や兄弟で殺し合い、全世界が戦場と化す。

↓

ラグナロクの勃発

混乱する世界の中、ついに神々と巨人が激突する。その勢いはすさまじく、神も巨人も滅び、世界は終焉を迎えた。

オーディンvsフェンリル
フェンリルの勝利
真っ先に戦場を駆けたオーディンはフェンリルに飲みこまれて敗退。そのあと、オーディンの息子ヴィーダルがフェンリルを討った。

トールvsヨルムンガンド
相討ち
大槌ミョルニルで大蛇ヨルムンガンドを討ったトールだったが、ヨルムンガンドの毒が体にまわり両者死亡となる。

ヘイムダルvsロキ
相討ち
なにかと張り合うライバルだった2神は、ラグナロクにて最終決戦に挑んだ。しかし、勝敗は決まらず、相討ちに果てる。

フレイvsスルト
スルトの勝利
女巨人と結婚するために宝剣を手放したフレイに勝ち目はなく、鹿の角で応戦するも敗北。勝者スルトは大地に火を放った。

北欧文化を詳しく伝える独自の文学

人間の歴史を記した「サガ」

人間にまつわる歴史を描く4つの物語群

ラグナロクで一度滅んだ世界は、息を吹き返し生き延びた神々や、人間が住まう新しい世界としてよみがえる。この時、戦火から逃れて生き残った男女が、現代の人間の祖とされている。アダムとイヴのように扱われるこの逸話は、北欧独自の文化にキリスト教が取りこまれたものだと考えられている。

こういった北欧の歴史や文化、実在した英雄たちの勇姿などを描いた、人間にまつわる逸話を「サガ」という。これは12世紀から14世紀にかけて成立した物語群のことで、「宗教的、学問的サガ」「王のサガ」「アイスランド人のサガ」「伝説的サガ」の4ジャンルに分けることができる。サガは、新旧の「エッダ」とは別の角度から北欧文化を知ることができる貴重な資料なのだ。

北欧神話の根幹

古エッダ(詩のエッダ)	名称	新エッダ(スノッリのエッダ)
不明	著者	スノッリ・ストゥルルソン
800~1100年頃	成立	1220年頃
17世紀に発見された北欧で最も偉大な古詩集。デンマーク王に献上された29編からなる『王の写本(Godex Regius)』に、別の写本から「バルドルの夢」などの物語を数点加えたもの。	解説	アイスランドの政治家であり、詩人でもあったスノッリが記した詩学入門書。もとは、ただ「エッダ」と呼ばれていた。試作法の起源となった神話やその実用例などを3部構成で解説している。
神話、英雄詩、格言詩の3つからなる ・巫女の予言 ・ヴァフスルーズニルの言葉 ・スキールニルの旅 ・ロキの口論 ・スリュムの歌 など	主な内容	[第1部]ギュルヴィたぶらかし 質疑応答による神話の語り [第2部]詩語法 詩作法の実例と用法の紹介 [第3部]韻律一覧 スノッリによる自身の詩の解説

北欧文化を伝える文学

名称	解説	主な内容
宗教的・学問的サガ	アイスランドへの移住やキリスト教改宗の歴史などを扱った宗教や学問の記録。	・植民の書 ・キリスト教のサガ など
王のサガ	ノルウェーやデンマークの王族を中心に、9~13世紀の北欧の歴史を語るもの。	・ヨームヴァイキングのサガ ・ヘイムスクリングラ など
アイスランド人のサガ	異教時代のアイスランド人の生活を記す。芸術的価値が高く、サガ文学の傑作といわれる。	・エギルのサガ ・グレティルのサガ など
伝説的サガ	異教時代の英雄たちを描く。歴史的に正確な記述が少なく「嘘のサガ」の異名を持つ。	・フロールヴ・クラキのサガ ・ヴォルスンガ・サガ など

古代北欧において使用されたルーン文字。木や石に刻むことで魔力を増し、削ると力が消える。北欧各地の碑文に残されており、現代では占いのタロットカードに使用されることもある。

ルーン文字一覧

ルーン文字	意味	呼び方	英字	魔力·呪力	関連する神
ᚠ	富	フェオ	F	富、豊かさ、家畜、所有	フレイ
ᚢ	野牛	ウル	U	力、スピード、不屈の精神	オーロクス
ᚦ	トゲ	ソーン	Th	魔除け、恐れなき心、傷	スルト
ᚨ	言霊	アンスル	A	言葉、伝達、口	オーディン
ᚱ	旅	ラド	R	勇者、タフな身心、旅の守護	風の神
ᚲ	火	ケン	C／K	松明、情熱、灯火	火の神
ᚷ	贈りもの	ギュフ	G	贈り物、才能、寛大さ、栄誉	フレイヤ
ᚹ	喜び	ウィン	W	幸福、実り、家庭平和	—
ᚺ	雹	ハガル	H	変革、崩壊、災い	—
ᚾ	必要	ニード	N	必要な学び、困苦、先手必勝	ミョルニル
ᛁ	氷	イス	I	停止、静寂、時を待つ力	巨人族
ᛃ	収穫	ヤラ	J	1年の収穫、豊作、恵み	地の神
ᛇ	イチイ	エオー	Y	死、再生、防御、強靱な身心	木の神
ᛈ	ダイス	ペオス	P	挑戦、選択、陽気	—
ᛉ	鹿	エオルフ	Z	守護、危険の察知、仲間	—
ᛊ	太陽	シゲル	S	光、健康、夢の実現	バルドル
ᛏ	チュール神	チュール	T	勝利、正義、不可能を可能にする	チュール
ᛒ	白樺	ベオーク	B	新しいはじまり、繁茂、母性	フリッグ
ᛖ	馬	エイワズ	E	協力者の出現、早い進歩	スレイプニル
ᛗ	人間	マン	M	宿命、内なる自己	人間族
ᛚ	水	ラグ	L	豊穣、浄化、船出	水の神
ᛜ	イング神	イング	Ng	受胎、性的魅力、本能の力	イング(フレイ)
ᛞ	1日	ダエグ	D	1日の守護、朝日が昇る、希望	—
ᛟ	世襲財産	オセル	O	不動産、相続、祖先	—

出典：『いちばんわかりやすい北欧神話』(杉原梨江子著 実業之日本社刊)

2章

アースガルズの神々たち

オーディン／トール／バルドル／ヘズ／ヘルモーズ／フリッグ／シヴ／チュール／グルヴェイグ／フレイヤ／フレイ／ニョルズ／スキールニル／ヘイムダル／イズン／ノルン／ヴィーダル／マグニ

Óðinn

オーディン

多彩な面を持つ最高神

最初の神ブーリの息子であるボルと、女巨人ベストラの間の長男。原初の巨人ユミル［→P140］を殺害し、死体で天地を創造した。知的好奇心旺盛かつ好戦的。知識を得るためなら自分も他人も傷つけることを厭わない。ラグナロクに備えて戦死者の魂を集めている。

このような性格から、戦争、詩歌、呪術など多くを司る、北欧神話の最高神である。

戦争の神、死の神、知識の神など

グングニル

小人族が作成した大槍。敵に投げると必ず命中するというオーディンの愛槍

フギンとムニン

世界を視察する２羽のカラス。フギンは「思考」、ムニンは「記憶」を意味する

スレイプニル

「滑走するもの」という名の愛馬。８本の脚と灰色の毛並みを持つ［→P182］

ᚨ

アース神族

ヴァルハラ宮殿（アースガルズ）

自らの欲望を忠実にかなえる「神々の父」

最初の神ブーリの孫にあたるオーディンは天地創造の神であり、「神々の父」と呼ばれる北欧神話の最高神だ。しかし、天地ができるまでの物語は非常に血なまぐさい。オーディンは原初の巨人ユミルを疎《うと》ましく思って殺し、亡骸の血を海に、肉を大地に、頭蓋骨を空にしたのである。最高神といっても慈悲深い存在ではなく、欲望に忠実で目的のためには手段を選ばなかった。

特に知識の獲得には貪欲だった。オーディンはつばの広い帽子を目深にかぶり、片眼を失った老人の姿で描かれるが、隻眼になった理由は知恵を授けるミーミルの泉の水を飲む代償として泉に片眼を沈めたからである。また、ユグドラシルに秘められたルーン文字を得るために、愛槍グングニルで自らを傷つけ、ユグドラシルの枝に9夜9日も逆さ吊りになる苦行をやってのけた。

さらに、詩才を得られる魔法の蜜酒を得るために狡猾な策も用いている。巨人のスットゥング［→P170］が蜜酒を持っていると知ったオーディンは、スットゥングの弟バウギをだましたり脅したりして強奪の手伝いをさせ、蜜酒を守

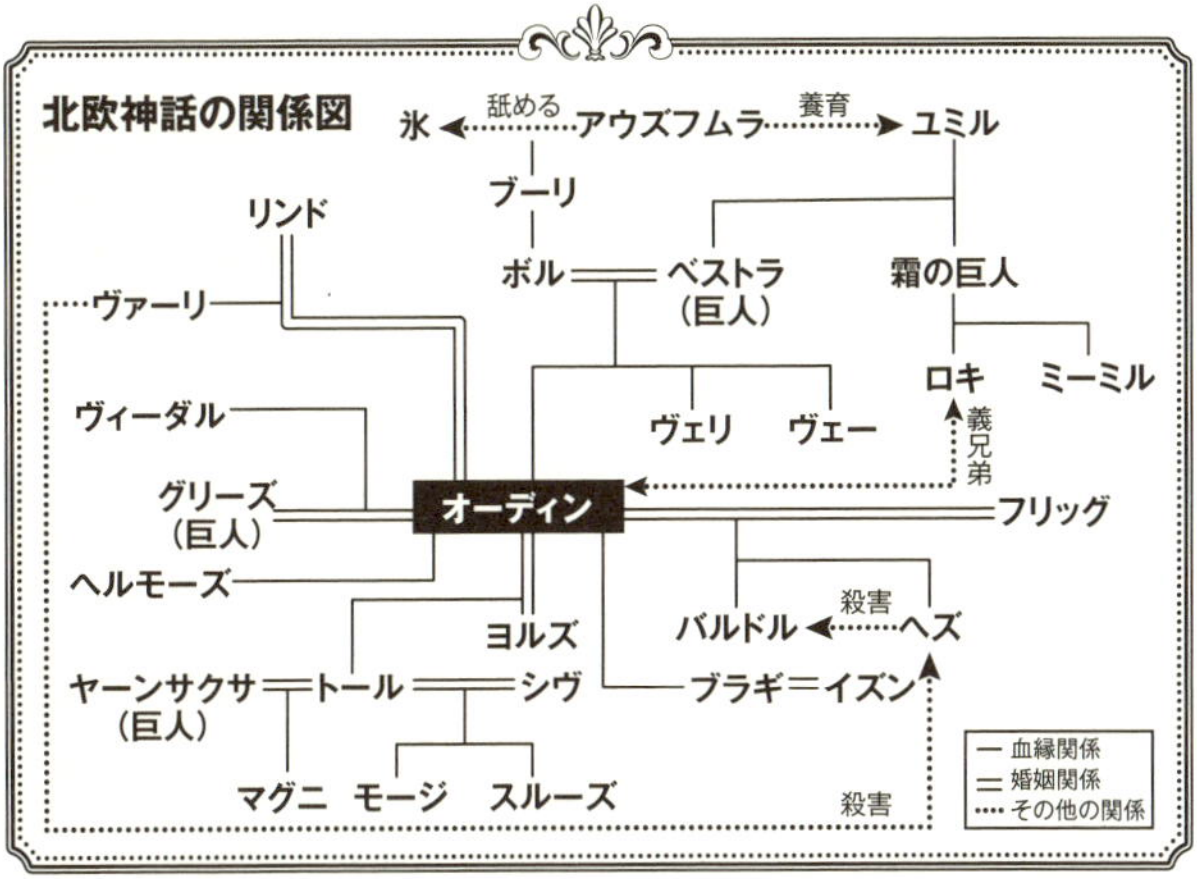

るスットゥングの娘グンレズを誘惑してまんまと奪い取った。

オーディンは情報収集にも余念がなかった。両肩に乗せた2羽のカラス、フギンとムニンを早朝ごとに空へ放って偵察に向かわせる一方、自らも玉座のフリズスキャールブから世界を見わたし、この世のあらゆる出来事を知ろうとした。このためオーディンは知識、詩歌、魔術などの神とされる。

オーディンがここまで知識を求めたわけは、来たるラグナロクに備えるためだった。そして、最終決戦の兵士に選んだのは人間の戦死者の魂だ。戦場で死んだ人間は魂の選定を受け、オーディンに認められると「優れた戦死者の魂」を意味するエインヘリヤルとしてヴァルハラ宮殿に招かれる。

ラグナロクへの備えが世界に混乱を招く

エインヘリヤルは死してなお、軍事訓練に明け暮れた。オーディンは目をつけた勇士が勝てるよう戦争の勝敗を決定したり、ヴァルハラに招きたい勇士を殺したりしたので、戦争、勝利、さらには死の神ともされた。オーディンはラグナロクへの備えとして戦死者の魂を集めたが、これが人間たちの戦争をエスカレートさせ、やがて終末の戦いを招いてしまうのは皮肉な展開である。

ラグナロクの際、アース神族の先陣を切ったオーディンは、金の鎧兜に身を包み、手にはグングニルを提げ、愛馬スレイプニルに騎乗した勇壮な姿で現れる。かつて自らを傷つけたグングニルは、投げれば百発百中の名槍だ。しかし、オーディンは不死身ではなかった。邪神ロキ〔→P112〕の異形の息子である魔狼のフェンリル〔→P118〕に飲みこまれて死んでしまうのである。オーディンの仇は息子のヴィーダル〔→P106〕が討った。多彩な面を持ち、欲望に嘘をつかないオーディンは、最高神でありながらどこまでも完璧ではない神だった。

現代でも強大な力がフィーチャーされる

かなり人間的な性格のオーディンだが、戦争を差配する能力はやはり脅威であり、エンターテインメント作品でも人知を超えた力がフィーチャーされる。力が強すぎるためか、プレイヤーが操作するより主人公の補佐役が多い。

日本のゲーム界でオーディンの知名度を高めたのは『ファイナルファンタジー』(以降FFとする)シリーズだろう。Ⅲ以降ほとんどの作品で主人公の協力者となっており、敵を一撃で斬り伏せる。『女神転生』『ペルソナ』シリーズでも高パラメータの強力なキャラクターに設定されている。

圧倒的な力を持つ点から、敵にまわる場合もある。『ヴァルキリープロファイル』シリーズでは戦闘力が高く、策略家の面も持つ強敵だ。また、ライトノベル『とある魔術の禁書目録《インデックス》』には、『デンマーク人の事績』に由来するオティヌスの名で登場。強大な魔力で主人公を何度も窮地に陥れる。少女の姿をしているが、つばの広い帽子や右眼の眼帯がオーディンを連想させる。

Þórr
トール

怪力を誇る雷の神

最高神オーディンと女巨人、ヨルズの間にうまれた雷を司る神。天候を支配する農耕の神としても信仰を集めた。

アース神族最強の怪力を誇り、問題が起きるとすぐ力で解決を試みるが、根はお人好し。神々と人間を守るため、多くの巨人と戦う。

女装したり巨人に騙されたりと、どこかユーモラスな逸話が多い神である。

雷の神、農耕の神、ソーなど

ミョルニル
小人族のブロックとシンドリ[→P194]が作成したハンマー。大地が変形するほどの威力を発揮する

ヤールングレイプルとメギンギョルズ
ヤールングレイプルは鉄製の手袋。メギンギョルズは力が倍増する帯

タングニョースルとタングリスニル
戦車を引く２頭のヤギ。死んでもミョルニルで清めると復活する

アース神族
アースガルズ

強さと純粋さを併せ持つ愛すべき雷神

北欧神話で最強とされる存在が、雷神トールである。荒ぶる雷の神格化であるトールは、最高神オーディンと女巨人ヨルズの間にうまれた息子でありながら、戦を司る父さえも上まわる武力を誇った。また、トールには天候を操る力があると考えられ、農業の神としても崇拝された。

筋肉隆々の肉体を持つトールはそれだけでも充分に強かったが、数々の愛用品でさらなる力を得ていた。中でもトールの代名詞といえるのが大槌ミョルニルだ。腕のいい鍛冶屋である小人族のブロックとシンドリが鍛えた逸品で、「打ち砕くもの」を意味する名前のとおり、投げると必ず敵に命中して手元に戻ってくる。しかもトールは自身の力を倍にする帯メギンギョルズを締めていたので、山さえも砕くことができた。

また、鉄製の手袋ヤールングレイプルを必ず装備していたが、これは手違いで短くなったミョルニルの柄をしっかり握るためとも、高温で燃えているミョルニルに耐えるためともいわれる。

腕っぷしの強いトールは性格も豪快だった一方、お人好しなところもあり、しばしば他者に翻弄された。しかし、その二面性が古代の人々に広く愛された点でもある。巨人スリュム［→P172］にミョルニルを盗まれた時には、花嫁に女装してスリュムの館に乗り込み、ミョルニルを取り戻した。巨人の王であるウートガルザ・ロキ［→P166］の挑戦を受けて立つ逸話では、角杯に満たされた酒を飲み干す、灰色の猫を持ち上げる、老婆のエリと相撲を取るといういずれの勝負でも負けてしまった。ところが、ウートガルザ・ロキは幻術使いで、トールの勝負相手はすべて幻だったのだ。

神々と人間を守り強敵と名勝負を演じる

トールがお人好しだった理由は頭が弱いからではなく、根が優しかったからだろう。トールは常に神々と人間を守る使命に燃えており、どんな敵が現れても恐れなかった。タングニョースルとタングリスニルという2頭の魔法のヤギが引く戦車に乗って世界をめぐり、自ら率先して巨人や魔物と戦っている。2頭のヤギは殺してもミョルニルで清めれば復活するため、移動手段にも食料にも困らなかった。『新エッダ』では、フルングニル［↓P176］という粗暴な巨人と一騎打をする。トールが自慢の大槌ミョルニルを投げつけ、フルングニルの頭を打ち砕いた。

ラグナロクでは大蛇ヨルムンガンド［↓P124］と死闘を繰り広げた。この大蛇は、邪神ロキと女巨人アングルボザ［↓P136］の間にうまれた異形の息子である。トールはかつて海釣りをした際、針にかかったヨルムンガンドと対峙したことがあるものの決着はついておらず、まさに宿命の一戦。トールはヨルムンガンドにミョルニルを投げつけて殴り殺したが、自身も周囲に立ちこめる大蛇の毒が全身にまわってしまい、9歩後退したのちに力尽きた。

こうしてトールは滅びたが、息子マグニ［↓P108］がラグナロクを生き延び、新世界でトールの形見となるミョルニルを発見して受け継いでいった。

エンタメ作品登場時は怪力と雷が必須

圧倒的攻撃力を持ち、雷を支配するトールは、キャラクター性が明解でエンターテインメント作品でも扱いやすく、敵としても味方としても重宝されている。『ＦＦ』シリーズでは雷を操る敵として登場。その一方、『女神転生』や『ペルソナ』シリーズでは主人公のサポート役で、雷属性の魔法を使用できる。しかし、出現させるには一定の条件クリアが必要になっているなどレアな存在になっている。

トールが主人公として活躍する作品といえば、アメコミ『マイティ・ソー』だろう。実写映画版は日本でも大ヒットした。「ソー」とはトールの英語発音である。原作と映画では若干設定が異なるが、北欧神話をベースにしている点は同じで、驚異的な戦闘能力を持つソーが魔法のハンマー、ムジョルニアを振るって強敵をなぎ倒していく。「ムジョルニア」はミョルニルの英語発音。ソーの戦闘力は各国のスーパーヒーローを題材にした作品、『アベンジャーズ』の中でも最強レベルとなっているのだ。

また、破壊力の高い武器や技にミョルニルの名前がつけられている例は多く、アニメ版の『聖闘士星矢』や漫画『からくりサーカス』などに見られる他、トールハンマーの名でも『ＦＦ』シリーズやＳＦ小説『銀河英雄伝説』、漫画『黒子のバスケ』などに幅広く登場する。

Baldr

バルドル

優美なる光の貴公子

最高神オーディンとフリッグ［→P58］の間の息子。朗らかかつ公明正大、知恵があり見目麗しいという完璧な貴公子である。なにものにも傷つけられない体を持つが、邪神ロキの悪知恵によって唯一の弱点であるヤドリギに貫かれて死んでしまう。しかし、ラグナロク後の新世界で復活。この死と復活を農作物に照らし合わせ、豊穣の神ともされる。

光の神、豊穣の神など

アース神族

ブレイザブリク（アースガルズ）

ドラウプニルの腕輪

小人族のブロックとシンドリ［→P194］兄弟がつくった腕輪。「滴るもの」という意味のとおり、9夜ごとに同じ重さの腕輪が8つこぼれ出る。バルドルの棺にオーディンが供えた

ミステルティン

ヴァルハラ宮殿周辺に生えていたヤドリギの若木。世界で唯一、バルドルに傷を負わせられる

麗しく心優しいオーディンの愛息

光を司る神バルドルは、最高神オーディンとその妻フリッグの自慢の息子で、その神格にふさわしい輝くばかりの美貌を備えていた。美しく優しいバルドルはアースガルズの神々から愛され、バルドルという名が「主人」や「首領」を意味するとおり、オーディンの後継者とみなされていた。

バルドルが妻ナンナとともに暮らす館、ブレイザブリクは、邪悪なものが決して近づけない平和の園で、病気や怪我を癒す清浄な力に満ちている。『新エッダ』の「ギュルヴィたぶらかし」では、バルドルとナンナの息子フォルセティは優れた調停者とされ、フォルセティが住む館、グリトニルはアースガルズで最もすばらしい法廷だった。

まさに非の打ちどころがない貴公子のバルドルだが、幸福な生活が永遠に続くわけではなかった。『古エッダ』の「バルドルの夢」には、バルドルが死を予見させる悪夢に悩む逸話がある。死の影におびえるバルドルを、なんとしても救おうとしたのは母のフリッグだった。フリッグが世界中をめぐってあらゆる生物や物質、毒や病気にまでも「バルドルを傷つけない」と約束させたので、バルドルはこの世のなにを用いても傷つけられない体になったのだ。

バルドルが不死身になった報せがもたらされると、心配していた神々は大喜びした。そして、あらゆるものをバルドルに投げつけ、すべてがバルドルを避けていく様子を楽しむ遊びに興じはじめる。

再び、バルドルを中心に笑い声の絶えない日々が戻ってきた――しかし、それを妬ましく思う存在がいたのだ。ひねくれものの邪神ロキである。

突然の悲劇に見舞われるも復活を遂げる

本当になにを使ってもバルドルを傷つけられないのか疑ったロキは、魔法使いの老婆に変身してフリッグに尋ねた。するとフリッグは、「ミステルティンの若木だけはまだ小さくて弱いから約束を取らなかった」と教えてしまう。ミステルティンとは古ノルド語で「ヤドリギ」を意味する。

この話を聞いたロキは、バルドルの弟ヘズ［→P54］が盲目なのをいいことにミステルティンをわたしてバルドルに投げつけさせた。ミステルティンに胸を貫かれたバルドルはばたりと倒れこみ、そのまま息を引き取ってしまう。

しかし、フリッグはあきらめなかった。バルドルが復活できるよう冥界の女王ヘル［↓P130］に頼んでくれる勇士はいないか呼びかける。これにバルドルの異母弟ヘルモーズ［↓P56］が志願する。ヘルモーズと対面したヘルは「すべてのものがバルドルのために泣くならよみがえらせてもよい」と条件を出した。そこでヘルモーズはすべてのものに泣いてくれるよう頼んでまわったが、セックという魔女だけが泣かなかったため、バルドルの復活は失敗に終わる。実は、このセックもロキが変身した姿だったのだ。

バルドルの亡骸は船葬にされ、出航前に悲しみのあまり死んでしまった妻ナンナとともに船上で灰になった。この時、ドラウプニルの腕輪がバルドルの傍らに供えられている。これは小人のブロックとシンドリ兄弟がつくった秘宝で、9夜ごとに同じ重さの腕輪を8つ滴らせる。

バルドルの死は神々の絶望を呼び、ラグナロクの引き金となった。そして、すべてが滅びたラグナロク後の新世界でバルドルは復活を遂げる。この生と死のサイクルが農作物の育成と重なることから、バルドルは豊穣の神ともされる。

多くの作品でまばゆい美男に描かれる

美貌と知性に彩られ、神々から愛されたバルドル。戦争好きの集まる北欧神話神には珍しく、戦いの描写が見られないこともあり、エンターテインメントの世界では穏やかな美少年、いわゆる〝王子様キャラ〟の扱いが多い。

その特徴がよく出ているのは、女性向け恋愛ゲーム『神々の悪戯《あそび》』だろう。金髪ロングヘアの美少年で、温かい癒しのオーラを放つ人気者だが、なにもないところで転ぶという天然な面も持つ。

また、『女神異聞録デビルサバイバー』ではストーリーの中枢に関わる「ベル神」の「ベル・デル」という敵キャラクターとして登場。すべての攻撃が無効で、ダメージを与えられるのはヤドリギのみという、神話の内容を反映した弱点を持つ。ゲーム『ベヨネッタ』におけるバルドルは北欧神話と直接のつながりはないが、新世界の構築を目指す野望や光の剣を飛ばす戦闘スタイルなど、随所に北欧神話のバルドルを連想させるモチーフが使われている。

王子様キャラはもちろん、敵としても個性的な魅力を見せているのだ。

Hǫðr

ヘズ

アース神族

アースガルズ

兄殺しの汚名を着せられた盲目の弟

オーディンとフリッグの間の息子で、光の神バルドルの同母弟。兄同様に高貴な身の上だが、目が見えないため神々の輪から外れていることが多い。バルドルがこの世のなにを持ってしても傷つけられない体になった時も、神々はバルドルにものを投げつける遊びに夢中になったが、ヘズは騒ぎの外にいた。

これに目をつけたのが、バルドルの人気を不愉快に思う邪神ロキである。ロキはバルドルを不死身にしたフリッグから、ヤドリギだけはバルドルを傷つけられることを聞きだすと、ヘズを利用してバルドルを殺そうと企んだのだ。ヘズが神々の遊びの輪から離れた場所にいると、ロキが「なぜ遊びに加わらないのか」と聞いてきたため、ヘズは「目が見えないからものを投げられない」と答えた。するとロキは「手を取って教えてあげよう」と言い、ヘズの手にヤドリギを握らせて投げさせた。ヤドリギに貫かれたバルドルは息絶えてしまう。

ヤドリギは古ノルド語で「ミステルティン」といい、ヘズが投げたものはヴァルハラ宮殿の周辺に生える小さな若木だった。このためフリッグは無害だと思い、バルドルを傷つけないという約束を取りつけなかったのだ。

『古エッダ』の「バルドルの夢」でのヘズは、バルドルの死後すぐに異母弟ヴァーリに殺されてしまう。ヴァーリはヘズを葬るために生を受け、一晩で復讐を果たすと記されていることから、一晩で成人したのではないかと考えられている。しかしヘズは、ラグナロク後の新世界でバルドルとともに復活し、ともに生き延びたヴァーリと和解して新たな統治者となった。

アプリゲーム『ゆるドラシル』ではヤンデレの妹設定で、『ディバインゲート』でも女性キャラで登場『ヴァルキリープロファイル・咎を背負う者』には攻撃がクリティカルヒットになる「ヘズの一撃」という能力があり、ミステルティンによる一撃必殺のインパクトもキャラクター特性に繋がっているようだ。

ヘルモーズ

Hermóðr

アース神族

アースガルズ

バルドル救出のため冥界の女王と対面

オーディンの息子で、身のこなしが素早かったことから「俊敏のヘルモーズ」と呼ばれた。名前は「勇気」「戦い」を意味する。ラグナロクで戦うために集められた人間の魂エインヘリヤルの接待役といわれる。

ヘルモーズが神話に登場するのは、光の神バルドルが邪神ロキの策略で命を落とした時のことだ。バルドルをよみがえらせようとするフリッグの声に応え、冥界への使者に志願したのである。そして、オーディンの愛馬スレイプニル［→P182］を借り受け、冥界の女王ヘルが支配する死者の国ニヴルヘルへと旅立つ。ユグドラシルの根の先にあるニヴルヘルは簡単に行ける場所ではないが、スレイプニルの力を持ってすれば可能だった。

『新エッダ』の「ギュルヴィたぶらかし」によると、9日9夜をかけてギョル川にかかる黄金の橋まで来たヘルモーズは、通行人の番をする女巨人モーズグズからヘルの館、エリューズニルまでの道を教わり、スレイプニルを駆ってついにたどり着いた。そして、ヘルは「あらゆるものがバルドルのために泣いたら、よみがえらせてもよい」という条件を出す。

もともとバルドルはすべてのものから愛されていたため、容易な条件だと踏んだヘルモーズは神々とともに世界中をめぐってバルドルのために泣いてくれるよう頼んだ。しかし、ロキが変身した魔女セックだけは泣くことを拒否したためバルドルは復活できず、ヘルモーズの努力は水泡に帰したのだった。

エンターテインメント作品でのヘルモーズは、アプリゲーム『神獄のヴァルハラゲート』でスレイプニルによる連撃スキルを持つ他、カードゲーム『FOW（フォースオブウィル）』では闇属性を与えられており、冥界に向かった神話がフィーチャーされている。また、アニメ版『銀河英雄伝説』の戦艦にもヘルモーズの名が見られる。

フリッグ

Frigg

アース神族

フェンサリス（アースガルズ）

優しいだけではないオーディンの正妻

「愛されるもの」「伴侶」などを意味する名を持つオーディンの正妻。結婚と出産を司る女神で、『ヴォルスンガ・サガ』では子に恵まれない夫婦がフリッグから子宝のリンゴを与えられ、懐妊する逸話が語られる。司る対象や名前が似ていることから愛と美の女神フレイヤ［→P72］と同一視されることも多いが、フリッグはアース神族、フレイヤはヴァン神族で、出自から異なる。

フリッグはオーディンとの間の息子バルドルに深い愛情を注いだ。バルドルが邪神ロキの奸計で命を落としたのちも、死の国から帰ってこられるよう、すべてのものに泣いて欲しいと頼んでまわった。

強く優しい母であるフリッグだが、オーディンに対しては自分の価値観を前面に出し、時に厳しく接した。アグナルとゲイルロズという人間の兄弟を夫婦それぞれで養子にした際はオーディンに強いライバル心を燃やしてアグナルを教育した他、『デンマーク人の事績』によると、人間の王たちがつくったオーディンの黄金の神像に嫉妬して、黄金をはぎ取ったという。

たびたびフリッグにやりこめられたオーディンだが、フリッグには一目置いており、世界のすべてを見わたせる神の玉座フリズスキャールブに座ることを唯一許していた。また、フリッグは鷹に変身できる衣を持っているが、自分で着ることはめったになく、もっぱらロキなどに貸してあげている。

フリッグが登場するゲーム作品は多くないが、ほとんどはサポート系のキャラクターだ。家庭用ゲーム『斬撃のレギンレイヴ』では戦闘に加わらず、主にナビゲーターとして活躍。カードゲーム『FOW（フォースオブウィル）』や『バトルスピリッツ』では優雅な女神の絵柄で、防御重視のパラメータに設定されている。その他『遊戯王』にはダメージ帳消しの効果を持つ「フリッグのリンゴ」のカードがある。

シヴ

Sif

アース神族

アースガルズ

長く美しい金髪をなびかせたトールの妻

北欧神話最強の雷神トール［→P42］の妻。トールとの間に息子モージと娘スルーズをもうけたといわれる他、トールとの結婚以前に巨人と関係を持ち、息子ウルをうんでいる。きらきらと輝く長い金髪が自慢で、トールのお気に入りでもあった。シヴの美しい金髪は豊かに実った小麦を象徴するといわれる。

シヴの金髪はあまりに美しかったため、悪戯好きの邪神ロキに目をつけられて悲劇を招いた。シヴが昼寝をしているところに忍びこんだロキは、シヴの金髪を丸坊主に刈り上げてしまったのである。目覚めたシヴは絶望し、これを知ったトールは激怒してロキを殺そうとした。そこへオーディンが仲裁に入り、ロキはなんとかしてシヴの金髪を取り戻すことになる。

ロキは小人族の鍛冶場を訪れると、口八丁で小人の鍛冶師たちのご機嫌を取り、金ののべ棒から金髪のかつらをつくらせた。鍛冶の名手が仕上げた金の糸は限りなく細く柔らかく軽く、シヴの髪と比べても遜色《そんしょく》ない輝きを放つ。この出来栄えなら大丈夫だと満足したロキはアースガルズへ帰り、シヴの坊主頭に黄金のかつらをかぶせた。すると、かつらはシヴの頭を美しく彩っただけでなく、頭皮にぴったりとはりついて新しい髪の毛になったのである。

こうしてシヴの金髪はもとどおりになり、ロキは命拾いしたのだった。

エンターテインメント作品のシヴは、別の発音である「シフ」の名でよく見かける。アプリゲーム『ゆるドラシル』では神話どおりの美しい金髪を持つ一方で、自らも剣を持ち戦場に出る。実は、夫のトールが荒々しい雷神であるためか、エンタメ界のシヴは戦う女神として描かれることが多い。アメコミ『マイティ・ソー』では狩りの女神として武器を振るい、『ペルソナ2罪』ではトール同様に雷の魔法が使用可能で雷無効の属性も持つなど、どの作品のシヴも大変勇ましい。

Týr

チュール

↑

アース神族

アースガルズ

勇敢かつ冷静な軍神

最高神オーディンの息子とも、巨人ヒュミル［→P174］の息子ともいわれる隻腕《せきわん》の神。魔狼フェンリル［→P118］を魔法の紐グレイプニルでとらえる際に平然と右腕を差し出した。この大胆で勇敢な性格から、軍事や勝利を司る神とされる。勝利のルーン「↑（チュール）」は、彼自身も指す。

また、冷静で知的な法律の神でもある。

軍事の神、勝利の神、法律の神など

チュールの剣

勝利のルーン文字「↑」が刻まれた魔剣。チュールの名を2度唱えるとよいという風習から、剣には2重に刻んである

グレイプニル

将来の災いとなるフェンリルを縛るため、神々が小人族につくらせた魔法の紐。チュールが右腕を犠牲にして拘束に成功した

ヴァイキングに篤く信仰された勝利の神

最高神オーディンの息子とされるが、『古エッダ』の「ヒュミルの歌」では、巨人ヒュミルの息子とされている。そもそもチュールは北欧神話神の中でもかなり古い起源を持ち、ゲルマン祖語の表記では「天空神」を指すことから、かつては主神だったのではないかという説もある。

大胆不敵で勇猛果敢とされるチュールはヴァイキングから絶大な支持を得ていた。『古エッダ』の「シグルドリーヴァの歌」には、「勝利を望むなら剣の柄、血溝、剣の峰に勝利のルーンを彫り、2回チュールの名を唱えよ」という旨があり、ヴァイキングは出航前にこの呪術を実践していたのだ。勝利のルーンとはルーン文字「↑」のことで、チュール自身も表す。「↑」が刻まれた剣はチュールの魔剣と呼ばれた。つまり、チュールの魔剣とはチュール自身の武器ではなく、チュールの加護を得た剣のことである。チュールの名を2回唱えるのがよいとされたため、「↑」を2重に彫ることもあった。

また、チュールは冷静沈着で知的な面を持ち、法廷を守る神としても信仰された。『新エッダ』の「ギュルヴィたぶらかし」で、チュールは戦いの勝敗を決する神と説明されており、同時に訴訟の勝敗を決める神でもあったのだ。

古代の人々は勇敢で聡明なチュールに敬意を払い、なにものも恐れず進むものを「チュールのように強い」、思慮深く賢いものを「チュールのように賢い」と表現した。

フェンリルを拘束するため右腕を失う

チュールの大きな特徴として隻腕が挙げられる。北欧神話最大の邪神ロキの異形の息子で獰猛なオオカミのフェンリルに、右腕を噛み切られてしまったのだ。この逸話は「ギュルヴィたぶらかし」に詳しい。

「フェンリルは将来の災いになる」という予言を受けた神々は、自分たちが管理して危機から免れようと考えた。しかし、だれも凶暴なフェンリルの世話をできず、勇敢なチュールが引き受けたのである。

フェンリルは巨大な魔獣に育ち、いよいよ災いの火種としか思えなくなった神々は、フェンリルを拘束しようと動き出す。そして、レージングとドローミという鎖をつくってフェンリルを縛ったが、どちらも簡単に引きちぎられた。

恐ろしくなった神々は、小人族にフェンリルを拘束できる品の作成を依頼。小人族は、石に生えた根、魚の息、女の髭、猫の足音、熊の腱、鳥の唾の6つの素材を使い、しなやかで柔らかな魔法の紐、グレイプニルを完成させた。6つの素材は神々がすべて集めてしまったため、世界に存在しなくなったという。

フェンリルは直感的にグレイプニルの強靭さを感じ取り、「神々のだれかがこの口の中に腕を入れなければ、その紐はかけさせない」と言って口を開いた。そこへ腕を差し入れたのがチュールである。果たしてグレイプニルはフェンリルの力でも引きちぎれず、激怒したフェンリルはチュールの右腕を噛み切ってしまった。チュールの犠牲で、フェンリルはやっと拘束されたのである。

しかし、天変地異によりグレイプニルは断ち切られ、解放されたフェンリルはラグナロクでオーディンを飲みこみ、予言どおりの結果をもたらした。

チュールはラグナロクで冥界の番犬ガルムと戦い、相討ちして果てた。

軍神らしい堂々とした力強さが魅力

戦いを司る神だが、豪快というよりも毅然《きぜん》という言葉が似合うチュール。右腕を犠牲にして神々の安全を守ろうとした姿からは、勇敢さとともに力での解決を最終手段とする思慮深さも感じられ、エンターテインメントの世界でも度量が大きく頼もしいキャラクターに描かれる。

その特徴がよく出ているのは、家庭用ゲーム『斬撃のレギンレイヴ』のチュールだろう。プレイヤーのサポート役で、主人公フレイの剣術の師匠という設定。あらゆる武芸に精通するが普段は物静かである。口元しか見えない兜を装備し、表情がうかがい知れないデザインも冷静さを引き立てている。

カードゲーム『カードファイト!! ヴァンガード』では「滅獣軍神」というふたつ名が与えられている。機動力を補充するスキルを持ち、戦略の中核に据えられるカードだ。この他、『サモンズボード』や『神獄のヴァルハラゲート』でもカウンターや号令など、軍神らしいテクニカルなスキルが使用できる。

また、漫画『進撃の巨人』のエルヴィン・スミスが仲間を奪還する戦いの中で右腕を失うエピソードは、チュールがフェンリルに右腕を噛み切られる神話がモデルではないかと考察する読者も多い。

Gullveig

グルヴェイグ

アース神を堕落させた魔女

ヴァン神族に伝わるセイズ呪術の使い手であるグルヴェイグ。彼女は、性的な快感を伴うセイズ呪術をアース神族の女神たちに伝え、アース神族の女神たちを堕落させた。それを問題視したアース神族によって3度にわたって殺されかけた。

名前は「黄金の力」という意味。人間を堕落させる黄金の擬人化であるともいわれる。

不死身の体

3度にわたって槍で突かれ、アースガルズの城壁の上で焼かれても死なず、黄金が精錬され輝きを増すかのようにその体はよみがえったという

魔女の心臓

一説によると、体は焼かれてしまったが、グルヴェイグの心臓だけは焼け残り、その心臓は邪神ロキが喰ったともいわれている

魔女

不明

魔女が教える魅惑のセイズ呪術

アース神族と並ぶヴァン神族は、その美しさや賢さを特徴とし、ルーンによる魔術の腕前はアース神族以上だったともいわれている。ヴァン神族とアース神族は互いに争っており、航海の神ニョルズ【→P84】と豊穣の神フレイ【→P78】、愛と美の女神フレイヤ【→P72】が人質になり和解したという経緯がある。

ある時、グルヴェイグはアース神族が平和に暮らす国、アースガルズを訪れる。それは魔術に長けた彼らの間に伝わる「セイズ呪術」をアース神族の女神たちに教えるためだった。セイズ呪術は、魔法道具を使って自身を忘我状態にし、魂を肉体から解き放って移動させることができるという呪術だ。最大の特徴はそれに性的快感が伴うということ。このセイズ呪術にアース神族の女神たちは夢中になってしまった。これを問題視したアース神族は、グルヴェイグを処刑することにした。グルヴェイグは3度にわたって槍を突き刺され焼き殺されるが、不死身の肉体を持っていたため3度よみがえったとも、肉体は炎に焼かれたが心臓は残り、その心臓は邪神ロキが食べたともいわれる。

事件後、アース神族とヴァン神族は仲違いし、世界初の戦争へと発展した。諍《いさか》いの原因については諸説あるものの、グルヴェイグの登場がこの戦争の引き金になったのは間違いない。

グルヴェイグの正体はフレイヤ？

グルヴェイグは魔女との記載はあるものの、その正体については、明確にはわかっていない。しかし、グルヴェイグもフレイヤもともに、セイズ呪術の優れた使い手であること、ノルウェー王朝の歴史書『ヘイムスクリングラ』に、フレイヤがアース神族にセイズ呪術を教えたと記されていることから、彼女はよくフレイヤと同一視される。そのため、グルヴェイグもヴァン神族の一員とするのが一般的な見方のようだ。名前の由来となっている黄金は、王が戦士に黄金の腕輪を与えるという儀式に見られるように、古代北欧戦士にとって重要なもの。しかし黄金に溺れることは堕落であり、恥ずかしいことでもあっただろう。何度殺しても死なない魔女グルヴェイグは、人間の黄金への尽きない欲求を表しているかのようだ。

Frejra

フレイヤ

ᚷ

ヴァン神族／アース神族

ヴァナヘイム／フォールクヴァング（アースガルズ）

自由奔放な愛の女神

ヴァン神族に属する女神で、愛と美、豊穣、そして戦争を司る。富と海運の神ニョルズ［→P84］を父に、豊穣神フレイ［→P78］を兄に持つ。ニョルズ、フレイとともに人質として神々の国アースガルズへやってきて、アース神族に加わった。あらゆる女神の中で最も美しく、その美貌と奔放な性格からトラブルの原因となることも。

愛と美の女神、豊穣の女神、戦争の女神など

ブリーシンガメン

火のような輝きを放ち、見たものすべてを魅了する黄金の首飾り。4人の小人によってつくられた。雷神トールがフレイヤに変装する際にも用いられた

猫が引く戦車

フレイヤが出かける際にいつも乗る乗りもの。2匹の猫に引かせる

欲望に忠実な愛と美の女神

目が覚めるような美しい容貌と魅惑的な肉体を持つフレイヤは、愛と美、豊穣を司る女神だ。人々に愛を与える恋愛の女神であり、だれかの愛を得ようと思うならフレイヤの名を唱えることがならわしとされた。フレイヤはヴァン神族に属する。アース神族とヴァン神族の抗争を終わらせるため、父ニョルズ、双子の兄フレイとともに人質としてアースガルズへやってきた。

アースガルズで並ぶものがいないほどにすばらしいフレイヤの美貌は、敵対する巨人族にも愛欲を目覚めさせた。雷神トールの大槌ミョルニルを盗んだ巨人スリュム〔→P172〕は、槌を返すかわりにフレイヤとの結婚を要求。またアースガルズに乱入して泥酔した巨人フルングニル〔→P176〕は、「アース神族を皆殺しにし、フレイヤとトールの妻シヴだけは自分の国に連れて帰る」と暴言を吐く。フレイヤの美貌はたびたびトラブルの火種となった。

その性格は己の欲望に忠実で奔放。その象徴といえるのが、フレイヤの首飾り「ブリーシンガメン」だ。見るものすべてを魅了する黄金の首飾りブリーシ

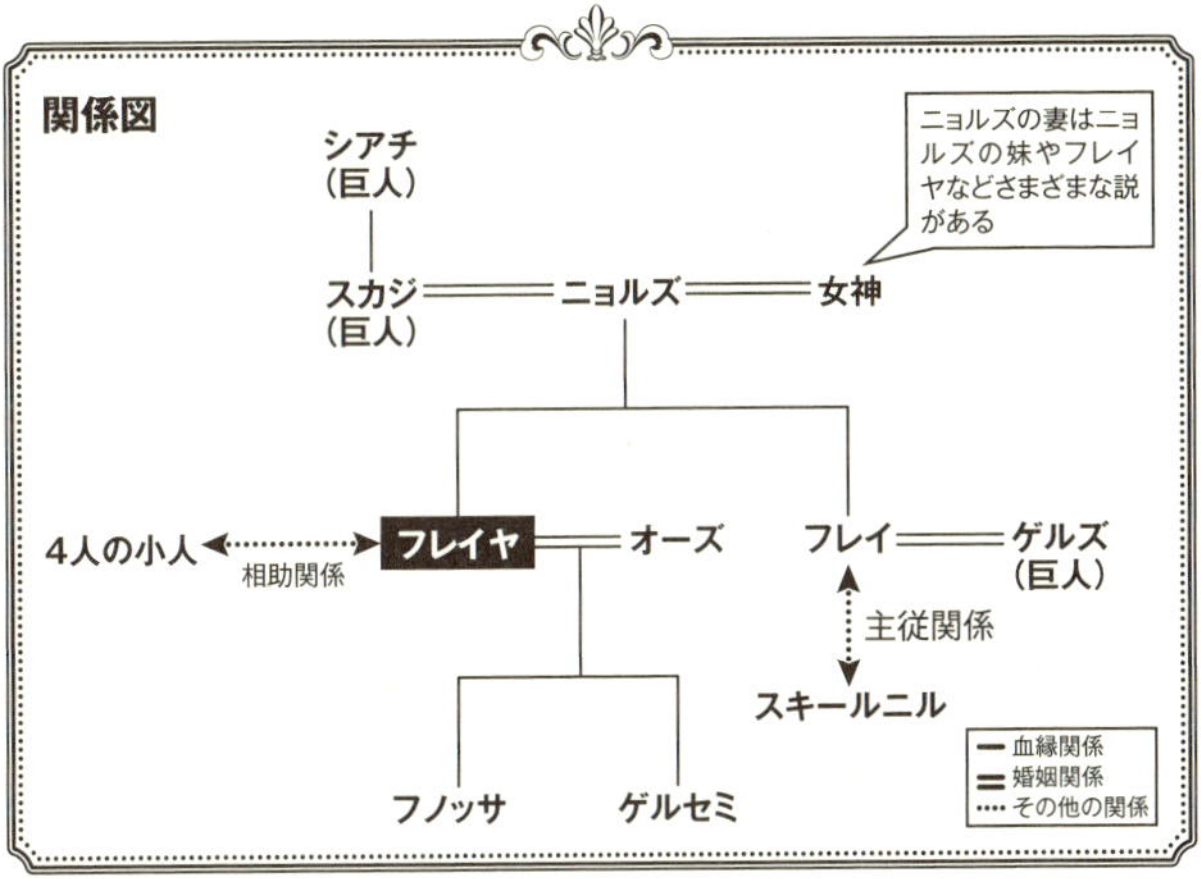

ンガメンを目にしたフレイヤは、ひと目でそれを気に入り手に入れたくなる。ブリーシンガメンをつくった小人たちは、譲りわたすかわりに条件を出す。それは、4人の小人とそれぞれ一晩床をともにすること。フレイヤは迷った末に受け入れ、4日後に念願の首飾りを手に入れた。

しかし、フレイヤはこの軽率な行為により大切な人を失うことになる。夫のオーズだ。自分の妻が行った数々の行為にあきれたオーズは、旅に出て行方不明に。フレイヤはオーズを探して世界中を飛びまわるが、ついに彼を見つけだすことはできなかった。この時流した涙は深紅の黄金となった。フレイヤは愛と欲望だけでなく、美しい憧れの愛をも司る女神なのだ。

死を司る戦争の女神としての一面も

一方で、フレイヤにはもうひとつの顔がある。オーディンと並ぶ戦争の女神という顔だ。神界を訪れる戦死者の半分はフレイヤのものとなり、彼女の館フォールクヴァングに導かれた。「フレイヤのもとに行く」という言葉は死ぬことを意味する。

また、首飾り事件の後日譚もフレイヤの戦争神の一面を物語る。首飾りの一件が邪神ロキの告げ口によりオーディンの知るところとなり、フレイヤのふしだらさに怒ったオーディンは、彼女の寝ている隙にロキに首飾りを盗みださせる。首飾りを返すよう懇願するフレイヤに対し、オーディンは「人間の国の王ふたりを戦わせよ。永遠に戦い続けさせることができるなら、返してやろう」と告げる。フレイヤはためらうことなく命令に従い、のちに「ヒャズニングの戦い」と呼ばれる、デンマーク王ホグニとセルクランド王ヘジンとの間に戦乱を引き起こした。両国は皆殺しになっては復活して再び戦うという悲惨な運命の輪に閉じこめられ、それ以来、ブリーシンガメンは優れた人間の勇士同士を争わせる呪いの首飾りとなったのだ。多大な犠牲をはらってもフレイヤが首飾りを離さなかったのは、自らの愚かさを戒めるためだったともいわれる。

魔女にもたとえられる北欧神話の華

また、フレイヤは魔術の優れた遣い手でもある。ヴァン神族に伝わる魂を操る魔法「セイズ呪術」をオーディンに教えたのも彼女だという。魔術に長けていたことから、アース神族とヴァン神族が争うきっかけをつくった魔女グルヴェイグ［→P68］と同一視されることもある。

ゲームでは美しいだけではなく、直接戦闘にも参加する。ロキが「ここにいるアース神や妖精はみな、おまえの情人だったじゃないか」と彼女を罵ったように奔放な性質を持つ一方で、夫への純粋な愛を貫いたフレイヤ。愛と美、豊穣と多産、戦争と死といったように、矛盾するようで実は表裏一体な側面は女性の象徴そのものであり、北欧神話の華といえる存在だろう。

Frey

フレイ

繁栄を約束する美男神

豊穣と富を司り、容姿端麗な北欧神話随一の美男神。最高神オーディンらアース神族とは異なるヴァン神族に属し、航海の神ニョルズを父に持つ。ニョルズ、双子の妹フレイヤとともに人質としてアースガルズへやってきて、アース神族に加わった。世界でいちばん美しい場所とされる白妖精の国アールヴヘイムの支配者でもある。

豊穣の神、結婚の神、恋愛の神、ユングヴィなど

ᚠ

ヴァン神族／アース神族

ヴァナヘイム／アースガルズ

スキーズブラズニル

アースガルズの神々全員を乗せることができ、不要な時には折りたためる伸縮自在な魔法の船

グリンブルスティ

あらゆる場所を馬よりも速く自在に走ることのできる黄金の猪

フレイの宝剣

ひとりでに巨人を倒す魔法の剣

豊穣と富を司る神界の貴公子

オーディン、雷神トールとともにアースガルズに君臨する3大神に数えられるフレイ。雨と日光を司る豊穣神であり、多産や愛、家庭の幸せをもたらす神として盛んに信仰された。その容姿は神々の中で最も美しく、双子の妹で愛と美の女神フレイヤとともに美男美女の兄妹神として知られる。

フレイという言葉は、「支配するもの」という意味を持つ。その名が示すとおり、白妖精の国アールヴヘイムの王であり、妖精族を支配する。この国は、フレイの乳歯が生えたお祝いに、アースガルズの神々から贈られたものだ。

ちなみに「フレイ」は本名ではなく、「ユングヴィ」が本当の名だったといわれる。スウェーデンの最初の王家となったユングリング家はフレイの子孫を名乗り、家名もユングヴィにちなんでいる。このことからもフレイが人々から強い信奉を受けていたことがわかる。

フレイはアールヴヘイムの他にも多くの財産を持っていた。魔法の船スキーズブラズニルはアースガルズの神々全員を乗せることができるほどの大きな帆船で、どの方向に向かっても追い風を受けて目的地まで進むことができる。しかもこれほど大きな船でありながら、使わない時は小さく折りたたんで持ち運びできる優れもの。こうした魔法の道具は小人族によってつくられ、長槍グングニルや大槌ミョルニルとともにアースガルズに献上されたものだった。一説によるとこの船はオーディンのものであったとする伝承もある。

またフレイは黄金の猪グリンブルスティも所有していた。金色のたてがみを持つグリンブルスティは馬よりも速く走ることができ、空中や水中を自在に移動することができるフレイの乗りもの。豊かさや富を約束する神らしく、フレイは数多くの魅力的な宝物を持っていた。

愛を得た代償に払った犠牲とは

しかし、あることをきっかけにフレイが手放してしまった宝物がある。ひとりでに敵と戦ってくれる宝剣と、魔法の炎にも恐れることなく飛び越えることができる名馬フレイファクシだ。大事な宝物をふたつも手放した理由とは、巨人族の美女ゲルズにひと目ぼれしたことだった。

神である自分と敵対する巨人族の娘であるゲルズとの婚姻は祝福されないであろうと思い悩むフレイは、従者であり幼なじみであるスキールニル［↓P86］に相談。求婚の使者として巨人族の国ヨトゥンヘイムへ赴き、ゲルズとの間を取り持ってくれるよう頼みこむ。スキールニルは危険な旅を引き受けるかわりに、ふたつの宝物を要求した。ひとつは、ヨトゥンヘイムの暗くゆらめく炎を越えられる名馬フレイファクシ。もうひとつは、持つものが賢ければひとりでに敵と戦ってくれるフレイの宝剣である。この宝剣は、雷神トールが持つ大槌ミョルニルに並ぶ巨人を倒すための重要な武器。しかし、恋に身を焦がすフレイは宝物をふたつとも譲りわたしてしまう。

こうして愛しの恋人を手に入れたフレイは、ゲルズと仲のいい夫婦となり、ふたりは家庭円満のシンボルとなった。しかし、フレイは愛を得た代償として大きな犠牲を払うこととなる。最強の武器を手放してしまったがために、最終戦争ラグナロクでは鹿の角で巨人族と戦わねばならず、炎の巨人ムスッペルの首領スルト［↓P152］に殺されてしまうのだ。

フレイが手放した宝剣の行方はわかっていない。「光の剣」「勝利の剣」とも称されるこの宝剣は、フレイを傷つけることができる唯一の武器。そのため一説には、フレイを倒した巨人スルトの手にわたっていたのではないかとするが、その経緯については一切不明だ。

少年らしさも併せ持つ平和のプリンス

最終戦争ラグナロクではオーディン、トールとともに前線に立ち、巨人を素手で殴り倒したこともあるフレイだが、その性質は戦争よりもむしろ平和を司ることにある。豊穣の神であるフレイは、男たちを死に追いやり、妻や花嫁を悲しませるようなことはしない。こうしたフレイの優しさを神々と人間たちは愛し、平和と安心できる暮らしを願ったのだ。

ゲーム作品などでフレイが登場するものはあまり多くない。しかし、神々の中で最も美しい容姿を持つ貴公子というだけでなく、妖精国を統べる王であるなど、主役として十分な特徴を持つ。また、恋に悩み、大切な宝物をうっかり手放してしまうといった少年のような一面も併せ持ち、キャラクターとして非常に魅力的といえるだろう。

Njorðr

ニョルズ

ヴァン神族／アース神族

ヴァナヘイム／ノーアトゥーン（アースガルズ）

苦労人の過去を持つ富の海神

ヴァン神族の出身であるニョルズは富と豊穣の神であり、海運や漁業の守護神だ。風を支配し海と火を鎮める力を持ち、「港」という意味の館ノーアトゥーンに住んでいる。とても裕福な神であり、望むものには土地でも財産でも気前よく与えた。海が重要な生活圏であり商業圏であるヴァイキングたちのニョルズへの信仰は篤く、富を築いたものは「ニョルズのように富んだ」と称えられ、「サガ」においてもニョルズは富と繁栄の象徴としてたびたび登場する。

ニョルズの子どもは美形で有名な双子、豊穣の神フレイと愛と美の女神フレイヤ。フレイとフレイヤも豊穣を司り、まさに人々に繁栄を約束する縁起の良い一家といえる。しかし、この一家がアースガルズへやってきた理由は縁起の良いものとはいい難かった。世界初の戦争で争っていたアース神族とヴァン神族は人質を交換することで講和を成立。その時ヴァン神族からアース神族へ引きわたされたのが、ニョルズとその子どもフレイとフレイヤだったのだ。

アースガルズで生活するようになったニョルズは、巨人族の娘スカジ
［→P158］と結婚。波に洗われた美しい足をスカジに見初められたという、奇妙なお見合いから成立した結婚だったが、海育ちの夫と山育ちの妻では気があわず、結婚生活はうまくいかなかった。一方で、ニョルズは妹との近親相姦が仄《ほの》めかされている。フレイとフレイヤの母はこの妹だとも考えられている。

ニョルズはアース神族に引きわたされる以前には巨人族の人質となり、苦渋に満ちた生活を送っていたこともある。富と豊穣の神としては意外な過去だが、最終戦争ラグナロクのあとも生き延び、ヴァン神族のもとへ帰ったという。

ゲーム作品では荒々しい海の象徴として、キャラクターのモチーフにされることが多く、凄まじい力を持った存在として登場する。今後は苦労人の面もピックアップされるかもしれない。

Skirnir

スキールニル

不明

不明

交渉術に優れた謎の多いフレイの従者

豊穣の神フレイの忠実な従者であり幼なじみでもあるスキールニル。交渉術に優れ魔術にも通じるが、その正体ははっきりとしない。自身の素性を尋ねられた時、「妖精の子でも、アース神族の子でも、ヴァン神族の子でもない」と答えているからだ。だが外見は、神族もしくは妖精族に近かったという。

巨人族の美女ゲルズにひと目ぼれしたフレイに命じられ、求婚の使者として巨人族の国へ赴くこととなったスキールニル。危険な旅をする代償としてフレイの宝剣と名馬フレイファクシを手に入れたスキールニルは、ゲルズのもとにたどりつくとただちに求婚の件を告げ、若返りの黄金のリンゴ11個、最高神オーディンの黄金の腕輪ドラウプニルといった贈りものを差しだす。しかし、ゲルズはこれを拒否。そこで今度は趣向を変え、求婚に応じなければおまえの首を切り落とすとフレイの宝剣を使って脅しにかかった。しかし、それでもゲルズは気丈に拒み続けた。

業を煮やしたスキールニルの脅し文句は苛烈になっていく。次々と恐ろしい呪いの言葉を投げつけ、その呪詛にさらに強い力を与えようと無限の災いを意味するルーン文字「ᚦ（スルス）」を小枝に刻んだ。「もし求婚に応じれば、すべてを取り消すこともできるのだがな」とつけ加えることを忘れずに。恐ろしくなったゲルズは求婚を承諾。スキールニルは主の依頼を達成したのだった。

スキールニルの交渉術は魔狼フェンリル［→P118］を縛る鎖を闇の妖精につくらせるためにも役立てられている。

ゲーム作品では、スキールニルはほとんど登場しない。そのかわり、武器や戦艦にスキールニルの名前を見ることができる。フレイが彼に与えた宝剣には名前がないため、かわりに使われたのだろう。手段を選ばず任務を達成したスキールニルにあやかった武器は、どんな困難でも切り抜けてくれそうである。

Heimdallr

ヘイムダル

アース神族

ヒミンビェルグ
（アースガルズ）

最終戦争を告げる番人

アースガルズに巨人族が侵入してこないよう見張る、神々の道の番人。母は海神エーギルの娘である9人姉妹。ずばぬけた聴力と眼力を持ち、アースガルズに危険が迫った時に神々に知らせる重要な役割を担う。虹の橋ビフレストの袂《たもと》にあるヒミンビェルグに建つ館に住む。最終戦争ラグナロクの時には角笛ギャラルホルンを吹いて神々を集結させた。

神々の道の番人、人類階級制度の始祖など

ギャラルホルン

最終戦争ラグナロクの到来を告げる角笛。ヘイムダルがこの角笛を吹き鳴らすと神々は集結する。平和な時には世界樹ユグドラシルの根元に隠されているという。巨人ミーミル[→P146]がこれを使って泉の水を飲んだという描写からミーミルの泉に隠されているとも

虹の橋の袂で見張る美しい神

天空にある神々の国アースガルズと人間族の国ミズガルズを繋ぐ場所に、虹の橋ビフレストがある。この橋のたもとでアースガルズに巨人族が侵入しないように見張っているのが、ヘイムダルだ。

ヘイムダルは、海神エーギルの娘である9人の姉妹を母に持つ。この不思議な出生の理由は、9人の姉妹が海の波を擬人化したもので、波間にきらめく光が神、つまりヘイムダルになったからと考えられている。またヘイムダルという名前は「宇宙の中心」という意味が秘められているとされる。そのため9人の姉妹の母とは、北欧神話における世界樹ユグドラシルを中心に広がる9つの国を表すとも考えられている。こうした名前の由来からも、ヘイムダルが神々の中でも重要な位置を占めていることがわかる。

アース神族の中で最も美しいといわれるヘイムダルの異名は、「白いアース」。黄金でできた歯を持ち、昼夜を問わず100マイル（約160㎞）先まで見とおすことのできる眼力と、草の生える音や羊の毛が伸びる音さえ聞き漏らさない聴力を持つ。睡眠時間は鳥よりも短く、まさに神々の番人にふさわしい能力だといえよう。

これらの超人的な能力は、一説には知恵の巨人ミーミルに片耳を差し出して得たともいわれる。神々の番人という重要な任務を果たすために、この取引を行ったのだろう。最高神オーディンの片目と同じように、ヘイムダルの片耳も担保としてミーミルの泉の底に沈んでいるという。

終末に鳴り響くギャラルホルン

予言された最終戦争ラグナロクに向けて、ヘイムダルは鋭い目で四方八方を見わたし、どんな物音も聞き逃さない。虹の橋ビフレストのすぐそばにある聖地ヒミンビョルグの館から、全世界を見わたしている。北と東の端には霧の巨人や山の巨人、南の端には炎の巨人ムスッペルがアースガルズに侵攻しようと虎視眈々と狙っているからだ。アースガルズに危機が迫った時、神々に知らせるために吹くのが角笛ギャラルホルン。平和な時には、この角笛は世界樹ユグドラシルの根元に隠されている。

しかし、世界が腐敗して終わりが迫りくる時、ヘイムダルはユグドラシルの根元からギャラルホルンを取り出し、力強く吹き鳴らして神々をヴィーグリーズの野に集結させる。この響きの恐ろしさに、ニヴルヘルの国の死者たちは身を震わせ、巨大なユグドラシルさえもが揺れ動いたという。

神々と巨人が死闘を繰り広げる中、ヘイムダルも戦いに加わる。その相手は邪神ロキ。ロキはヘルダイムの宿敵ともされる存在。両者はぶつかり合い、死闘の末に相討ちとなった。

一方で邪神ロキとは互いの利益が一致すれば共闘することもあった。大槌ミョルニルを奪われた雷神トールが巨人の花嫁に扮して奪い返した時には、ヘイムダルが作戦を練りロキが全面的にサポートしている。

『古エッダ』の「ロキの口論」で神々に容赦のない罵倒を投げつけたロキは、ヘイムダルに対しては「いつも背中を濡らし目を覚まして神々の見張り番をしなければならない。そんな苦労をしてまで神々の連中の肩を持つのか?」と彼の苦労を揶揄するような言葉をかけている。好悪感情入り混じるヘイムダルとロキの因縁は、相討ちの形で決着を迎えたのだった。

番人から人類の階級制度の始祖となる

ヘイムダルは神々の見張り番という役目から常に自分の館にこもっているイメージがあるが、しばしばリーグという別名を名乗って世界中を旅している。この旅の途中で出会った3人の女性との間に子をもうけ、スレール、カルル、ヤルルと名付けた。この3人の子どもたちがのちに、それぞれ奴隷、自由農民、王侯となり、人間の階級制度のもとができたという。この3階級は、ヴァイキング社会を構成した階級制度と一致している。一説には、人間を表す言葉として「ヘイムダルの子ら」と呼びかける場面があり、ヘイムダルが人類の階級制度の祖、ひいては人類の祖と考えられていたことがうかがわれる。

ラグナロクを防ぐために戦うという、北欧神話をベースにしたアプリゲーム『ヴァルキリーコネクト』では、味方全体にバリアを付与できる、防御に優れた前衛キャラとしてヘイムダルが登場する。また、角笛ギャラルホルンは数多くのゲーム作品に登場し、味方を呼びだしたり士気を上げたりするだけでなく、相手を破滅させるような強力なアイテムとなっている。

イズン

Idunn

神々に若さを与える女神

若返りのリンゴを管理する女神。イズンのリンゴを食べることでアースガルズの神々は不老となり、若さと繁栄を保っている。リンゴはイズンにしか扱えず、若さと力を与えるイズンは神々の中でも尊重されている。美しい容姿と清らかな心を持っており、皆に愛されていたという。

夫はオーディンの息子で詩神のブラギ。

若さの女神、イズーナなど

アース神族

アースガルズ

若返りのリンゴ

アース神族が「第1の宝物」と呼ぶ至宝。このリンゴを定期的に食べることでアースガルズの神々は老いることなく、若さと力を保ったままでいることができる。リンゴはイズンにしか扱うことができないため、彼女によって管理されトネリコの箱にしまわれている

神々の若さと若返りのリンゴを管理する

詩神ブラギを夫に持つイズンは、若返りのリンゴを管理する女神。かつて神々が老いはじめた時、黄金に輝くリンゴを食べたことで若さと力を取り戻したという。それからアース神族はこのリンゴを「第1の宝物」と呼んで大事に保管するようになった。イズンはこの若返りのリンゴを丹精込めて育て上げ、アースガルズの神々に若さと繁栄をもたらすという重要な役割を持つ女神だ。

イズンは収穫したリンゴをトネリコの樹でつくった箱に入れて、大事に保管した。トネリコは北欧神話における重要な樹で、9つの国を支える世界樹ユグドラシルはトネリコの樹ともいわれている。イズンはリンゴが欠けることのないよう、またたれかに盗まれることのないよう誠実に毎日仕事に励んだ。

アースガルズの神々はイズンのリンゴを定期的にもらって食べることで、老いることなく若さと力を保ったまま安心して毎日を過ごすことができた。しかし、この状況が一変することになる。邪神ロキの悪だくみによって、イズンがさらわれてしまったからだ。

ロキの奸計よって巨人に誘拐される

ある時、巨人シアチ［→P156］のもとにとらわれの身となったロキは、自由にしてもらうかわりにイズンと若返りのリンゴをシアチに与える約束をしてしまう。ロキは言葉巧みにイズンに語りかけた。

「あなたが持つ若返りのリンゴとそっくりのすばらしいリンゴを見つけましたよ。あなたもきっとすばらしいと思うに違いない。あなたのリンゴとどちらがすぐれているか比べてみましょう」

自分が丹精込めて育て上げたリンゴに誇りを持っていたイズンは、ロキの挑発にのってしまう。若返りのリンゴを手にロキに指示されたとおり、アースガルズの外にある森に足を踏み入れた。その途端、鷲に姿を変えた巨人シアチが現れ、イズンをその爪でつかんで自分の館へ連れ去ってしまった。

イズンと若返りのリンゴを失ったアースガルズは大混乱に陥った。若返りのリンゴはイズンにしか扱えなかったため、神々はとたんに老いはじめ、髪は白く腰は曲がっていった。ことの成り行きが判明すると、神々はロキをとらえてイズンを取り戻すよう脅迫。怯えたロキは、オーディンの妻フリッグ［→P58］から鷹に変身できる羽衣を借りて巨人の国ヨトゥンヘイムへ向かった。

巨人シアチが留守の時を見計らって、ロキはイズンを木の実に変えて連れ去ることに成功する。しかし、これに気づいたシアチは鷲に姿を変えて猛スピードで追いかけてきた。待ち構えていたアースガルズの神々は、城門の前に薪を積み上げる。滑るように門から中へ入っていったロキを追いかけ、シアチが城門に近づいたその瞬間、神々は薪に火を放った。羽に火が移ったシアチは墜落。とらえられ、殺されることとなった。こうしてイズン奪還に成功したアースガルズの神々は再び若さと力を取り戻し、イズンは夫ブラギの歌とともに神々の心を喜びで満たしたのだった。

この神話は豊穣の物語とも解釈される。イズンが巨人シアチにさらわれることは冬の到来を、神々のもとに戻ることは春の訪れを表すのだという。

清純な女神かはたまた淫乱な女神か

イズンはアースガルズの至宝である若返りのリンゴを管理するという役目か

ら神々に尊重された。それだけでなく、「晴れやかで優しい娘」「清らかな心の持ち主」と称えられたように、その人柄から皆に愛された。

しかし、清純なイメージを持つイズンはロキによって真逆の罵倒を受けている。「あらゆる女の中でおまえがいちばんの淫婦だ。自分の兄を殺した男を、きれいに磨いたその腕で抱いたのだから」とロキは痛烈な罵倒を浴びせる。

北欧神話にイズンの兄は登場しないため、真相は不明。「兄を殺した男」も夫ブラギのことを指すのかどうかもわからない。ただ、このエピソードから、イズンは巨人族の娘であるゲルズとの関連性が指摘されている。ゲルズの夫となる豊穣の神フレイ〔→P78〕は、彼女の兄ベリを牡鹿の角で撲殺した張本人。また、ゲルズはフレイの使者スキールニル〔→P86〕から、求婚の贈物として若返りのリンゴを差しだされている。こうした数々の符号の一致から、イズンとゲルズは同一人物ではないかとも考えられている。

ゲーム作品において、イズンはリンゴとともに回復系の能力を持つキャラクターとして登場することが多い。また別名である「イズーナ」が独立し、双子として登場する。イズンの持つ二面性が双子として表されたのかもしれない。

ノルン

Norn

運命を定める女神

神と人間の運命を定める女神の総称をノルンという。中でも有名なのが、アースガルズに住む3姉妹の女神ウルズ、ヴェルザンディ、スクルド。彼女たちが定めた運命からは神々ですら逃れることはできない。

神聖なウルズの泉のほとりに住み、世界樹ユグドラシルが枯れないように水瓶で水をやって管理している。

運命の女神など

ウルズの泉

世界樹ユグドラシルの根のほとりに湧く、アースガルズにある泉。そばにある館にノルン3姉妹が住み、泉の水をユグドラシルにかけ、枯れるのを防いでいる。最高神オーディンはほとりに置かれた賢者の椅子に座って話すのを常としていたため、神々の集会の場でもあった

ノルン
（神族、巨人族、妖精族など）

ウルズの泉
（アースガルズ）

過去、現在、未来を司る運命の3姉妹

北欧神話において、「運命」は重要なキーワードだ。神々が死に絶える最終戦争ラグナロクはあらかじめ予言され、神々でさえその運命から逃れることはできない。だれもが持つ運命を定め、それを告げる女神がノルンだ。

ノルンは複数の女神の総称（複数形はノルニル）。ウルズ、ヴェルザンディ、スクルドといった方がなじみ深い人もいるだろう。ウルズ、ヴェルザンディ、スクルドは、アースガルズに住むノルンの3姉妹。長女ウルズは「なった」の意で過去、ヴェルザンディは「なる」「起こる」の意で現在、スクルドは「〜でなければならない」の意から「これから起こる」未来を司る。

また、ウルズは「編むもの」「織姫」という意味から「運命」「宿命」を、ヴェルザンディは「生成するもの」という意味から「存在」を、スクルドは「義務」「税」という意味から「必然」を象徴するともいわれている。なお、スクルドだけは戦乙女ヴァルキューレ［↓P204］とする説があり、馬に跨って天空を駆け、戦場で戦死者を定める役目を担うとされる。

ノルンたちは、ある時は糸を紡ぎ機を織る姿で現れ、またある時は木片にルーン文字を刻んで運命のくじを引く。人間はうまれる前に必ずノルンのもとへ行き、運命を定められ寿命を決定づけられる。ノルンの発する予言から逃れることは不可能で、神々でさえもノルンの決定には従わなくてはならなかった。

ちなみに、ノルンは妖精族や巨人族にも存在した。ノルンは良い女神だけとは限らず、良いノルンは幸運を、悪いノルンは病気や飢え、不幸を与えた。彼女たちの爪にはルーン文字が刻まれていたという。これら数多くのノルンの中で最も高貴なのが、ウルズ、ヴェルザンディ、スクルドの3姉妹なのだ。

運命の女神の登場は予言されていた?

世界樹ユグドラシルは3本の根を3つの世界に伸ばし、そのうちの1本は神々の国アースガルズに伸びている。その根元に湧く「ウルズの泉」のほとりに、ウルズ、ヴェルザンディ、スクルドの3姉妹は住んでいる。長女ウルズの名を冠するウルズの泉は、神々の世界の中でも最も美しい場所とされ、現世のあらゆる水の源となっている。瑞々しく湧く神聖な泉の水に身を浸すと、だれでも卵の殻の中の薄皮のように白くなるという。

3姉妹のノルンたちは、ウルズの泉から汲んできた水を世界樹ユグドラシルにかけることを日課としている。大きく枝を広げ全世界を包みこむユグドラシルは、常に鹿や竜などに齧《かじ》られて弱りきっている。ノルンたちは毎日、清らかな水をかけることでユグドラシルの成長を促し、枯れることを防いでいるのだ。ノルンたちの頂点に立つウルズ、ヴェルザンディ、スクルドだが、彼女たちの登場もまた予言されたものだった。3姉妹がやってくる以前のアースガルズは黄金時代と呼ばれ、アースの神々は平和と歓楽の日々を過ごしていた。しかし黄金時代はいつまでも続かない。巫女は黄金時代の終わりを予言し、巨人の国の3人の強力な女たち、つまりノルンと呼ばれる運命の女神の出現のことを物語った。ここから、ウルズ、ヴェルザンディ、スクルドは、巨人族の末裔に連なるともいわれ、彼女たちがやってきた日以降、アースガルズの黄金時代は終わりを告げ、約束された終末という運命に支配されることとなる。神々の運命と終わり、そして神々が支配する世界の運命と終わりをノルンたちは定めることができたのだ。ノルンの出現と、常に敵対する強者に脅かされる世界樹ユグドラシルという2つのイメージには、神々の世界にやがて邪悪なものが近づいてくることを表しているとされる。

予言者や巫女として登場し謎を深める

一方で、ノルンは優れた人間がうまれると自らその場所を訪れ、運命とその寿命を定めた。こうした優秀な人間はノルンから栄光ある人生を約束され、英雄となって活躍することとなる。シグルズ〔↓P202〕の異母兄弟であるヘルギがうまれた時には、ノルンは君主となる運命を定め、「運命の糸」をより合わせて彼に庇護を与えた。やがて成長したヘルギは偉大な王となり、「フンディング殺しのヘルギ」として名を馳せることとなる。

ゲーム作品などでは、主人公を助けるアドバイザー的立場として登場することが多い。また、ストーリーの根幹に関わる重要な謎に関与し、予言者、巫女として扱われることもある。ちなみに、シェイクスピア作『マクベス』の冒頭で登場する醜い3人の魔女は、3姉妹のノルンからきたものだという。古今東西、古典から漫画まで登場し、物語に深みを与えるキャラクターといえよう。

Víðarr

ヴィーダル

アース神族

アースガルズ

魔獣フェンリルを倒した無口な青年

最高神オーディンと巨人族の女性グリーズとの間にうまれた子。名前は「森」「広い場所」を意味し、柴や背の高い草が生い茂る森に住んでいる。邪神ロキの挑発にものらず沈黙を貫き通す大人しい性格で、「沈黙の神」といわれるほどに無口な青年だ。しかし、実は雷神トールに次ぐ強者。『古エッダ』の「ヴァフスルーズニルの言葉」では、最終戦争ラグナロクにおいて父オーディンを飲みこんだ魔狼フェンリル［→P118］を殺すと予言されている。ヴィーダルはアース神族にとって、最後の頼みの綱なのだ。

ヴィーダルは雷神トールの大槌ミョルニルのような有名な武器は持っていな

い。そのかわり身につけているのが、鉄のように硬い革のサンダル。巨人族の母グリーズから与えられたもので、サンダルをつくる際に普通なら切り捨ててしまう足の指と踵の部分を寄せ集め、繋ぎ合わせてできている。

この靴が真価を発揮したのは、最終戦争ラグナロクの時。オーディンを飲みこんだフェンリルは、ヴィーダルも飲みこもうと大きく口を開ける。その瞬間を狙い、ヴィーダルは鉄のごときサンダルを履いた足でフェンリルの下顎を踏みつけ、上顎をつかむと力任せにふたつに引き裂いた。また「巫女の予言」では引き裂くかわりに、剣をフェンリルののど奥深く、心臓まで突き刺したとある。予言どおり父オーディンの復讐を果たしたヴィーダルは異母弟のヴァーリらとともにラグナロクを生き残り、新たな世界を見守る数少ない神となった。一説によると、世界を焼き尽くした炎でさえ、彼を傷つけられなかったという。

ゲーム作品のヴィーダルは、戦闘能力の高いキャラクターとして登場する。彼のサンダルも攻撃力を上げるアイテムとなっている。フェンリルを倒すという強烈なエピソードと固有のアイテム持ちという特徴から、ゲーム作品などで取り上げやすい神といえるだろう。

マグニ

Magni

アース神族

アースガルズ

父トール譲りの怪力を持つ巨人の子

雷神トール［→P42］を父に、巨人族の女性ヤールンサクサを母に持つマグニ。トールからは怪力だけでなく、その豪胆さ、剛勇さをも受け継ぐ。その兆候は、マグニが赤ん坊の頃からすでに現れていた。

トールが巨人フルングニル［→P176］と決闘した時、倒した相手の下敷きになって動けなくなってしまう。その場にいたアースの神々のだれひとり動かすことができなかった巨人の足をどけ、トールを助け出したのは生後3日のマグニだった。マグニは父を救出すると、こう言った。

「すまない、父さん。ぼくが遅れたばっかりに。こんな巨人、もし間にあっていたらぼくの拳骨で殴り倒してやったのに！」

幼子のものとは思えない言葉だが、将来有望な戦士になるであろう息子の言葉にトールは大喜び。倒した巨人フルングニルの愛馬グルファクシを褒美としてマグニに与えた。

「金のたてがみ」を意味するグルファクシは、世界一の駿馬と賞賛された最高神オーディンの愛馬スレイプニル［→P182］と並ぶ名馬。グルファクシに跨った巨人フルングニルが、スレイプニルで駆けていくオーディンを追いかけた時、追いかける疾駆の勢いでつい、敵国アースガルズの門をくぐり抜けてしまったという逸話を持つ。

マグニは、最終戦争ラグナロク後も生き残る。ともに生き残ったオーディンの息子ヴィーダルらとかつての神々の世界を語り合い、戦死した父の武器ミョルニルを見つけだして、再び世に戻ってくるとされている。

神話での登場回数は少ないマグニだが、ゲーム作品では、父トールを超える怪力の持ち主として登場する。また名馬グルファクシは、スレイプニルより知名度が低いためか登場するのはまれだ。

『SÁM 66』という18世紀頃に描かれたアイスランドの写本から、愛馬スレイプニルで駆るオーディン（Stofnun Árna Magnússonar á Íslandi蔵）

3章

ロキの一族と巨人たち

ロキ／フェンリル／ヨルムンガンド／ヘル／アングルボザ／シギュン／ユミル／ミーミル／スルト／シアチ／スカジ／ヴァフスルーズニル／ウートガルザ・ロキ／スットゥングとバウギ／スリュム／ヒュミル／フルングニル／フレスヴェルグ

Loki

ロキ

巨人族／アース神族

アースガルズ

狡猾なトリックスター

霜の巨人からうまれながら、最高神オーディン[→P36]との兄弟の契りによりアース神族に迎え入れられた。邪悪で悪知恵に長け、神々を怒らせたり、逆に宝物をもたらしたりした。変身能力もあり、善悪複雑に立ちまわる姿は、後世の創作物の〝トリックスター〟の元祖とも。名前は「終えるもの」を意味し、最終戦争ラグナロクでは神々の敵となった。

邪神、トリックスター、火の精など

レーヴァティン

ロキが自らルーンを唱えて鍛え上げたという、炎をまとってゆらめく美しい魔剣

スレイプニル

牝馬に変身したロキが、アースガルズの城壁をつくった巨人の馬スヴァジルファリを誘惑してうんだ、8本脚のオーディンの愛馬[→p182]

ラグナロクで神々を滅ぼした邪神

ロキの顔は美しいが邪悪な心を秘めている。カワウソに化けていた人間を殺害し、その賠償金として呪いのかかっているアンドヴァリの指輪［→P198］をわたして人間の一族を呪ったり、雷神トール［→P42］の妻シヴ［→P60］の髪を剃って激怒させたりと、彼の行為は悪意に満ちている。

その悪行の最たるものが、オーディンの息子バルドルの殺害事件［→P48］。これればかりは許されないと、ロキは最終戦争ラグナロクまでの間、拷問にかけられた。そんな恨みからか、ラグナロクでロキは神々に背く。女巨人アングルボザ［→P136］との間にうまれた魔狼フェンリル［→P118］、大蛇ヨルムンガンド［→P124］、冥界の女王ヘル［→P130］といった子どもたちも加わり、神々を破滅させ、自らは神々の番人ヘイムダル［→P88］と相討ちに果てた。

ゲーム作品において、最初は些細ないたずら好きとして登場し、のちに本性を露にしてラスボスとなるキャラクターがいる。このようなキャラの原型こそロキといえよう。ゲーテの古典戯曲『ファウスト』の悪魔メフィストフェレス

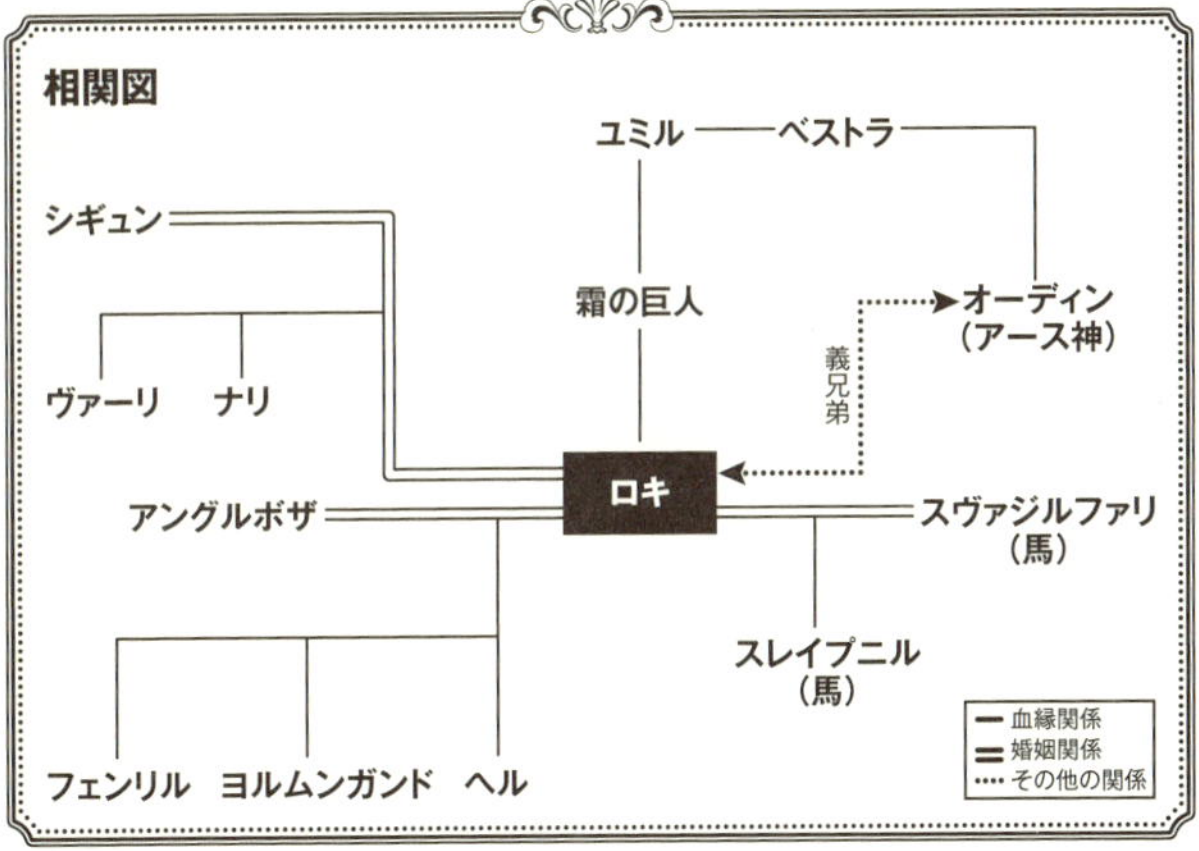

などにも、ロキの面影を見ることができる。

ロキ自らつくった珍しい魔剣

ロキはまた、神々に優れた装備品をもたらす存在でもあった。たとえば、先のトールの妻シヴの件では、小人に黄金のかつらをつくらせて切り抜けたが、ロキはなにかと小人から宝物を奪い、神々に贈呈している。小人の兄弟ブロックとシンドリ［→P194］はロキに言葉巧みに操られ、オーディンの愛槍グングニルや魔法の船スキーズブラズニルなどを譲りわたした。ロキについて13世紀成立の『新エッダ』は、トラブルを起こす半面、悪知恵で神々を助けることも多かったと記している。

「傷つける魔の枝」「裏切りの枝」を意味するという魔剣レーヴァテインは、ロキが小人に頼まず、自らこしらえた珍しいアイテム。この剣はロキ自身が死者の国ニヴルヘルの門の前で、ルーン魔法を使って鍛え上げた、刀身にルーン文字が刻まれている美しい剣だ。

ロキの悪戯心？　魔剣の入手法とは

スウィプダーグという人物がレーヴァテインを探し求める物語が、古詩『グロアの呪文』と『フィヨルスヴィドの歌』に記されている。

どういうわけかレーヴァテインはロキのもとを離れ、炎の巨人ムスッペルの長スルト［↓Ｐ152］の妻シンモラの手で大箱に9つの鍵をかけて保管されていた。意地悪な継母に命じられて、メングラッドという女性の愛を得よと命じられたスウィプダーグは、巨人の国ヨトゥンヘイムにあるメングラッドの館を訪れる。だが、館は炎や番犬に守られていて容易く侵入できない。スウィプダーグは館の入り口を守っていた巨人に話しかけた。巨人が言うには、番犬の好物は世界樹ユグドラシルの頂上にいる黄金の雄鶏ヴィゾフニル［→P179］の両翼の肉で、ヴィゾフニルを殺すことができるのは唯一、レーヴァティンだけだという。しかしさらに問い詰めると、レーヴァティンを手にするには、それを保管するシンモラにヴィゾフニルの尾羽をわたさねばならないことがわかる。

堂々めぐりで謎かけのような話は結局、スウィプダーグとメングラッドが実は両思いだとわかったことでハッピーエンドとなり幕を閉じる。どうやらレーヴァティンを手に入れることは不可能らしく、ここにもロキの悪戯心を見いだすことができるといえよう。

シンモラの夫スルトが炎の悪魔と呼ばれることから、レーヴァティンはスルトが持つ炎の剣と同一視されてきたが、元来は別のものという説が有力だ。ゲーム作品で炎属性の魔剣としてレーヴァティンが登場することがあるのも、このイメージからだろう。

またロキは、人間がコントロールできない自然の脅威、特に山火事を人格化した火の精霊が原型だったと考える説もある。

Fenrir

フェンリル

巨人族

ヨトゥンヘイム／アームスヴァルトニル湖のリュングヴィ島

神々の父を食い殺す凶暴なオオカミ

邪神ロキと女巨人アングルボザとの間にうまれた3人の子どもたちの長男で、オオカミの巨人。3兄弟はアースガルズの神々に虐げられ、その恨みからかラグナロクでは、神々の父たる最高神オーディンに襲い掛かった。

北欧神話に登場する魔物の中でもひときわ凶暴な神殺しの魔狼は、後世の創作物にもモチーフとして頻繁に使われている。

グレイプニル

怪力を持つフェンリルを縛るために神々が小人（妖精とも）につくらせた魔法の紐。現実世界に存在しない材料でできている。

ヴィーダルのサンダル

オーディンの息子ヴィーダル［→P106］が履く靴。革靴をつくる際の端切れを集めて強固な靴となった。

巨大な姿で神々を不安に陥れる

月を司るマーニと太陽を司るソールを追いかける、2匹のオオカミの話「↓P186」など、北欧神話はオオカミたちのエピソードも印象深い。そんな中で、最高神オーディンを殺した獣として名高いのが魔狼フェンリルだ。

フェンリルはロキの子どものひとりで、フェンリスヴォルフと呼ばれたり、『古エッダ』の「ロキの口論」ではフローズヴィトニル（悪評高きオオカミ）と呼ばれたりもしている。弟に大蛇ヨルムンガンド、妹に冥界の女王ヘルがおり、3兄弟の長男。3兄弟は神々に災いをもたらすと予言されたため、ヨルムンガンドは海へ捨てられ、ヘルは冥界ニヴルヘルに落とされた。

フェンリルはというと、うまれた頃はまだ小さかったので、軍神チュール「↓P62」のもとで養われることになった。しかし、小さくとも凶暴な性格だったようだ。フェンリルは巨大に成長し、怖れをなした神々は彼を拘束しようと計画。アームスヴァルトニル湖にあるリュングヴィという小島に連れ出した。

もちろんフェンリルが大人しく捕まってくれるはずもない。そのため神々は足かせを壊せるかどうかの力試しをフェンリルに持ちかける。最初のふたつの足かせ、策略を用いて縛るものを意味する「レージング」と束縛するものを意味する「ドローミ」は破壊されてしまった。

魔法の紐グレイプニルの材料とは?

困った神々は小人に魔法の紐の制作を依頼。豊穣の神フレイの従者スキールニル［→P86］が使者として、小人のところへ向かった。小人たちは魔法の紐グレイプニルをつくるといったが、制作にはとある6つの材料が必要だった。それは猫の足音、女のあごひげ、山の根、熊の腱（神経）、魚の吐息、鳥の唾液という不思議なもの。これらはグレイプニルをつくる時に世界から取りつくされてしまったので、現在には残っていないのだという。

できあがったグレイプニルは絹糸のように柔らかくたやすく切れそうに見えるが、ひとたび巻きつければ2度と解けないという代物だった。そうとは知らないフェンリルもこの紐は怪しいと感じたらしく、グレイプニルが解けるかどうかの力試しの際は、万が一の保証として自分の口の中にだれかの腕を入れるようにと要求する。神々がおののく中、これをのんで進みでた勇敢な青年が軍神チュールだった。チュールの腕と引きかえに、フェンリルはついにグレイプニルで縛られ、どんなに暴れてもグレイプニルが解けることはなかった。

拘束されたフェンリルは、ゲルギャという網でギョルという岩に繋がれ、巨岩スヴィティで押さえつけられた。顎の下から剣を突き刺され、開きっぱなしの口からはよだれが流れ落ち、ヴォーン（希望）という川になったという。

最終戦争ラグナロクが到来するとフェンリルは拘束を解かれ、神々に敵対する。なぜグレイプニルが解けたのかについて詳しく記されてはいないが、ラグナロクでは天変地異が大地を襲い、すべての枷が解かれたとされているため、グレイプニルもそうして解けたものと考えられる。

上顎は天に届き下顎は地を削るほどに、巨大な口を大きく開き、目と鼻からは火花を噴いてアースガルズに襲い掛かると、その勢いのままオーディンをのみこんだ。そののち、オーディンの息子ヴィーダルによって、下顎を踏みつけられて口を引き裂かれ絶命したという。ヴィーダルがその時履いていたのは、ヴィーダルのサンダルというアイテム。革靴の指と踵の部分をつくる際に切り落とした端切れを集めて制作したもので、鉄のように強固だった。また一説によると、フェンリルは剣で心臓を刺し貫かれて死んだともされる。

創作物によく使われるフェンリルの名前

フェンリルはオオカミの一族や、オオカミそのものの代名詞としても扱われる。巨人の国ヨトゥンヘイムにあるイアールンヴィズと呼ばれる森に住む巨人が、フェンリルの一族をうんだという説も。フェンリルの名には森の中にうごめくような、なにか不気味な存在が象徴されているのかもしれない。

そんなフェンリルは、さまざまなゲームで高位の魔獣として扱われている。『パズル&ドラゴンズ』では強力な〝神キラー〟スキルを持つ一撃必殺の高火力モンスター。『女神転生』シリーズでは氷属性の強力なモンスターだ。

その他、名前だけが象徴的に使われることも。北欧神話のモチーフが多い人気ゲームの映像作品『FFⅦアドベントチルドレン』では主人公クラウドが乗るバイクの名前に。その他、神に抗う組織や特殊部隊、戦闘機などの名前として、ゲームやアニメに引っ張りだこだ。

Jörmungandr

ヨルムンガンド

巨人族

海底

世界を取り囲み、尾を噛む大蛇

邪神ロキを父に持つ3兄弟の次男。人間の国ミズガルズを取り巻くほど巨大なため、ミズガルズオルムと呼ばれていたことも。他の兄弟と同じく神々の災いになると予言され、投げ捨てられた海の底で大蛇へと成長し、ラグナロクでは宿敵トールと戦った。

自らの尾を噛み円環をなす神秘的な姿は、「完全な存在」などの象徴性を持っている。

ミズガルズオルムなど

毒霧

ヨルムンガンドの巨大な体は、海中で動くだけで大津波が巻き起こるといわれる。ラグナロクでは彼の吐く毒息が地上を覆って神々を苦しめた。その毒は、3度にわたって対決した宿敵、怪力で有名な雷神トールに死をもたらす。

トールとの3本勝負！　勝敗のゆくえは

他の兄弟と同じく、アースガルズの神々に災いをもたらすという予言により神々に忌み嫌われ、まだ小さかったヨルムンガンドは海に投げ捨てられた。しかし海底でとてつもない大きさに成長。世界を囲む海中をぐるりと包みこんで自分の尾を噛むほどの大蛇となった。

予言では、ヨルムンガンドはラグナロクで雷神トール［→P42］と戦うと定められていて、ラグナロクでの最後の戦いを含めて3度対決している。1度目の対決は、トールが邪神ロキを伴って巨人ウートガルザ・ロキ［→P166］の館を訪れ、ウートガルザ・ロキと力試しをした時のこと。

ウートガルザ・ロキは、トールに「灰色の猫を持ち上げる」という力試しを提案した。実はこの猫は幻術により姿をかえられたヨルムンガンド。見た目は猫でも、中身は世界サイズの大蛇のため、トールはその片足を少し持ち上げるのが精一杯だった。最初の勝負はヨルムンガンドの勝利だったといえるだろう。のちに真実を知ったトールは、今度は自らヨルムンガンドを捜す旅に出た。

そんな中、2度目の対決の機会がやってくる。それはトールが旅の途中で宿を借りた巨人ヒュミル［↓P174］と釣りに出かけた時のこと。

2人はどちらがより大物を釣り上げられるかを張り合っていて、ヒュミルは鯨を釣り上げることに成功。一方、トールはよほど大物を釣りたかったのか、なんと牛の頭を餌に。すると、あろうことかヨルムンガンドがかかってしまったのだ。トールは怪力を振り絞り、ヨルムンガンドを引き上げ、大槌ミョルニルでとどめをさそうとする。だが大蛇の出現に怯えたヒュミルが釣り糸を切ってしまった。それに乗じて、ヨルムンガンドは海中へ逃げ帰る。2度目の勝負は、引き分けに終わったのだった。

毒で大地を破壊し最後の決戦へ臨む

3度目の対決の舞台はラグナロク。ロキ側についたヨルムンガンドは海からその巨大な姿を現し、陸に上がるとアースガルズの大地を洗うような大津波を巻き起こしたという。空を覆い隠すほどの巨大な体から毒を吐きだし、地上を死の霧で覆った。そしていよいよ、トールと3度目の対決が行われた。

トールはヨルムンガンドに大槌ミョルニルで攻撃する。これまでの勝負と異なり、百発百中のミョルニルの鉄槌を叩きつけられたヨルムンガンドはついに頭を砕かれて絶命した。

しかし、勝者となったトールも、ヨルムンガンドが死の間際までまき散らしていた毒に体をおかされ、ラグナロク後を生き延びることはできなかった。『古エッダ』には、ヨルムンガンドとの対決のあとにトールが「9歩あとずさった」という記述があり、これがトールの死に関連があるとされている。3度目の勝負は壮絶な相打ちとなったのだ。

大蛇の死が世界の変容をもたらす

世界をぐるりと取り巻いて自分の尾を噛んでいる大蛇。この象徴的な図案には、「物事の循環」「宇宙の終わりとはじまり」「完全な存在」といった意味があるとされ、錬金術で使われる自分の尾を噛む蛇ウロボロスなどのように、他の神話や宗教にもよく似たモチーフを見ることができる。

脱皮を繰り返す性質からか、蛇は古代から死と再生の象徴として特別な意味を持つ生きものだった。スカンジナビア半島で出土した装飾品や北欧各地の石碑には、輪を描く蛇のモチーフがしばしば見られ、古代北欧でも蛇は聖なるものと考えられていたことがわかる。北欧の人々にとって、ヨルムンガンドもただの怪物ではなく、畏怖を呼び起こす存在だったといえるだろう。

また『旧約聖書』のレヴィアタン（リヴァイアサン）が海の巨竜や海蛇などと表現されるように、蛇と竜は近いものとして考えられてきた。北欧神話で竜といえば、英雄シグルズ［→P202］が黒竜ファヴニール［→P200］を退治する物語を思い起こすが、強大な力を持つ敵を打ち倒し、それによって主人公の世界がかわっていくという物語の類型は、現在のエンターテインメントにも共通するといえるだろう。

争いの耐えない世界で武器商人をなりわいとする人物たちを描く、アニメ化もされた漫画『ヨルムンガンド』では、ヨルムンガンドの名前が世界の終わりとはじまりの〝象徴〟として重要な役割を担う。毒におかされながらも雄々しく戦ったトールのように、人間は勇敢にヨルムンガンドに立ち向かえるのかと考えさせる物語だ。

Hel

ヘル

巨人族

エリューズニル
（ニヴルヘル）

死者の国の女王

邪神ロキの子どもで3兄弟の末子。死者の国ニヴルヘルに落とされ、死者を支配する権限を与えられた女王となる。ラグナロクには直接参戦しなかったが、死者の軍勢をロキに預けたともされる。

名前には「隠すもの」という意味があり、キリスト教の地獄と語源が同じ。死者を操る女王として、魅力的に描かれることも。

冥界の女王など

ナグルファル

死者の爪でつくられ、最終戦争ラグナロクではヘルが支配する死者たちを乗せてアースガルズを襲う。舵はロキや巨人が取る。

死者

ヘルは藁の死を遂げた者を自分の支配する能力を持つ。支配した死者はナグルファルに乗せる。

氷に閉ざされた死者の国に君臨

兄に魔狼フェンリル、大蛇ヨルムンガンドを持つ。邪神ロキと女巨人アングルボザの間にうまれた3兄弟の末っ子は、兄たちとは違い人間の姿をした女性だった。しかしその体の半分は、北欧にある氷河のような、青い肌色をしているのだという。これは半身の死を意味するともいわれ、おぞましい姿はやはり神の敵とするのにふさわしい。他の兄弟と同じくヘルもアースガルズの神々の災いになると予言され、霜と氷に閉ざされた極寒の国ニヴルヘイムの地下にある、ニヴルヘルへと追放された。

しかしヘルはただ追放されたわけではなかった。最高神オーディンより老衰や病気などで死ぬことを指す、「藁《わら》の死」を遂げた死者を支配する権限も与えられていた。つまり9つの国を支配することを認められたのだ。

遥か昔の北欧では、戦死してヴァルハラ宮殿に迎えられることこそ名誉だったため、戦死以外の死を司るということは決して誇れることではなかっただろう。しかし自らの館エリューズニルを築き、死者の国を支配したヘルの様相は、他の兄弟とは随分異なるといえるのではないか。

ヘルの〝不思議ちゃん〟疑惑

ヘルが支配する死者の国ニヴルヘルの入り口には、険しい岩石に阻まれたグニパヘッリルという洞窟があり、獰猛《どうもう》な番犬ガルムが守っているので簡単には入れない。『古エッダ』の「バルドルの夢」では、光の神バルドル〔↓P48〕をよみがえらせるために、使者としてヘルを訪ねたオーディンの息子ヘルモーズ〔↓P56〕が、暗く深い谷間を9日間進んで、死者のわたるギアラルという橋をとおり、ようやくヘルの館エリューズニルにたどりついたと記されている。

ヘルのもとには下男のガグラティと下女のガングレトが付き従う。ヘルは藁の死による死者を迎え入れ、住居を割り当てる仕事をしている。ヘルは死と死者の国の管理者であり、ヘルの許可がなければ、死者として迎え入れられることはもちろん、復活させることもできないのだ。

ヘルの館エリューズニルは一風変わった館だったようだ。信じられないほど高い垣根に囲まれた館内では、家具などの調度品に変な名前がつけられていた。皿は「フング（空腹）」、ナイフは「スルト（飢え）」、入り口の敷居は「フォランダ・フォラズ（落下の危機）」、ベッドは「ケル（病床）」、ベッドのカーテンは「ブリーキンダ・ベル（輝く災い）」という名前だった。ヘルは現代でいう〝不思議ちゃん〟風な感性の持ち主だったのかもしれない。

ヘルのつかみどころのなさは、これ以外にも見られる。たとえば、バルドルの死に際しては、自らをうまれてすぐに捨てた憎い神の息子であるにも関わらず、その復活のために神々との交渉に応じようとした。

またラグナロクでは、ヘル自身は神々と直接戦ってはいない。ラグナロクのあとにうまれかわった世界では、死者の岸を意味する館、ナーストランドに住み、ラグナロクによって死んだ死者を支配するという。

周囲や自身の過去に縛られず、自分の仕事をまっとうする。ヘルのエピソードからはそんな雰囲気さえ感じ取れる。『ラグナロクオンライン』などのゲームで、奥深く多面的な魅力を持つ女性キャラとして描かれるのも、こうしたイメージがあるからではないだろうか。

死を恐れない死者の船ナグルファル

ラグナロクでは、巨人や死者の軍勢を乗せた巨大な船が、アースガルズの軍勢と戦うために襲いくるとされている。その船の名はナグルファルといい、ヘルが死者の爪を集めてつくったもの。ナグルファルをめぐってはさまざまな記述がある。その舵を取るのは、『古エッダ』の「巫女の予言」ではロキとなっているが、『新エッダ』の「ギュルヴィたぶらかし」ではロキは死者の軍勢を率いるだけで、舵はフリュムという巨人が取っている。いずれにおいても、所有するのは灼熱の国ムスペルヘイムの軍勢となっているようだ。

北欧では死者を埋葬する時、爪を切っておく習慣があるそうだが、これはナグルファルの完成を遅らせるためなのだとか。

ナグルファルは、ヨルムンガンドがラグナロクの際に起こした大津波により、船を陸につなぎとめる綱が外れて、海からやってくるという。北欧神話の影響が濃いイギリスの小説『指輪物語』では死者の軍勢が仲間として登場。敵に恐怖を与える、頼もしい味方となっている。

Angrboða

アングルボザ

巨人族

不明

魔獣たちの母親は神の敵なのか？

魔狼フェンリル、大蛇ヨルムンガンド、冥界の女王ヘルという凶悪な3人の兄弟の母親として登場するアングルボザは、謎の多い巨人族の女性だ。『新エッダ』の一説「ギュルヴィたぶらかし」により、彼女は巨人の国ヨトゥンヘイムに住んでいたとされているが、邪神ロキとの間に3兄弟をうんだということ以外、彼女の生涯や性格などの詳細は、ほとんど記されていない。

『古エッダ』の一節「バルドルの夢」には、ラグナロクを引き起こしたきっかけとなった、光の神バルドルの死について描かれる中、最高神オーディンがとある巫女を訪ねて質問を投げかけるエピソードがある。その問答においてオーディンが「そなたは巫女でも賢者でもなく、3人の巨人の母であろう」と巫女に問う。ラグナロクにもつながる物語で、かつ3人の巨人といえばフェンリル、ヨルムンガンド、ヘルの他にはいない。そのため、この巫女こそアングルボザではないかとされている。

ロキとの間にうまれた3人の子どもたちの出生については異説がある。これは『古エッダ』の「ヒュンドラの歌」にある記述で、ロキが菩提樹で焼いた女の心臓を食べたことであらゆる怪物をうんだというものだ。この異説の場合、該当の女を人間としたり、アングルボザとしたりと諸説展開されている。

神々の前に立ちはだかった恐ろしい魔物たちの母親という重要なポジションでありながら、このようにアングルボザのキャラクター性はほとんど不明。

だからこそ想像のしがいもあるというもの。アングルボザはさまざまなゲーム作品に登場しているが、ロキにべた惚れの愛情あふれる女性だったり、魔獣の母として妖艶な雰囲気を醸し出していたり、時には子どもたち以上に強力な力を持った、影の支配者のようなキャラクターだったりと、さまざまな解釈で楽しませてくれる。

シギュン

Sigyn

不明

不明

拷問を受けるロキに寄り添った妻

邪神ロキには、ヴァーリとナリという2人の息子を授かった2番目の妻シギュンがいる。彼女は、バルドル殺害事件［→P48］の際にとらえられたロキを心配する妻として登場することがほとんどで、種族などは不明だ。さらに、シギュンの息子ヴァーリとナリは悲しい運命をたどることになる。

最高神オーディンの息子バルドルの殺害を計画した罪で、神界を追われたロキは、鮭に変身して川に身を隠したが、それを見破った雷神トールによってついにとらえられた。怒りに燃える神々はロキを洞穴に閉じこめた。それでも神々の怒りは収まらず、ロキの息子であるヴァーリも、オオカミに変身させられてしまったのだ。オオカミになったヴァーリは、弟のナリの体を引き裂くようにして殺してしまう。神々がそのナリの腸でロキを岩に縛りつけると、ナリの腸は鎖のように強固に変化したという。

ロキに父親を殺された恨みを持つ、女巨人スカジ［→P158］は、ロキの頭上に毒蛇を置き、毒液がロキに滴り落ち続けるように仕向けた。シギュンは毒の責め苦に苛まれるロキを気の毒に思い、器で毒液を受け止め続けた。しかし、毒液は常に滴り落ちるため、器がいっぱいになって捨てにいく時には毒液を避けられず、ロキは激痛にのたうちまわって苦しんだ。『古エッダ』の「ロキの口論」では、この振動が大地を揺らしたので、地上の人々は大地震を感じたと記している。この激しい拷問はラグナロクが訪れるその時までながい間続いたという。

イギリスのゴスフォースという古い町には、北欧神話を記した十字架石碑「gosforth cross」が残されており、そこに描かれているのが蛇の毒に苦しむロキとシギュンではないかといわれている。ヴァイキング時代が到来した、8～10世紀頃のものとされ、北欧神話の広まりを示す遺構のひとつだ。

ユミル

Ymir

霜の巨人の先祖となる原初の巨人

北欧神話のはじまりとなる巨人であり、邪神ロキや魔狼フェンリル、大蛇ヨルムンガンドら、神々と対立関係になる巨人たちの先祖となるのがユミルである。原初の巨人として氷の塊が溶けて滴った雫からうまれたが、最高神オーディンとその兄弟の手によって殺される。オーディンたちはユミルの死骸で世界を創造したといわれている。

原初の巨人など

アウズフムラ

ユミルと同様に、凍りついた氷塊が溶けて滴った雫からうまれた原初の牝牛。アウズフムラが出す乳は4つの川となり、ユミルはこの川の乳を飲んで成長。牝牛自身は氷を覆う塩辛い霜を舐めて生きていたといわれ、この氷の中から最初の神となるブーリがうまれた。

霜の巨人

ニヴルヘイム

混沌の世界にうまれ落ちた巨人

まだ世界に神も巨人も存在しなかった遠い昔のこと、世界はまだ混沌として、北に極寒の地ニヴルヘイムと、南に灼熱の国ムスペルヘイムがあるだけだった。やがてふたつの地域の寒気と熱気がぶつかり合い、溶け出した氷の雫から、原初の巨人であり、霜の巨人たちの祖となるユミルが誕生したのだ。一説によると、エーリヴァーガルという川の毒が固まってうまれたともいわれる。

ユミルに続き、アウズフムラという牝牛も同じ雫から誕生する。食べるものを探していたユミルは、アウズフムラの乳から流れる4本の乳の川を飲み成長した。しかし世界にはまだ、ユミルとアウズフムラしかいない。ならば、どうしてユミルは巨人族の祖となったのだろうか。

ユミルの名は「混合物」「両性具有」と解釈されることがある。ある時、ユミルはたくさんの寝汗をかいた。すると、左脇の下から男と女の巨人が、両足が交わると6つの頭を持つ息子がうまれたという。こうしてユミルの体のあちらこちらから巨人がうまれた。そして、ユミルからうまれた巨人族は「霜の巨

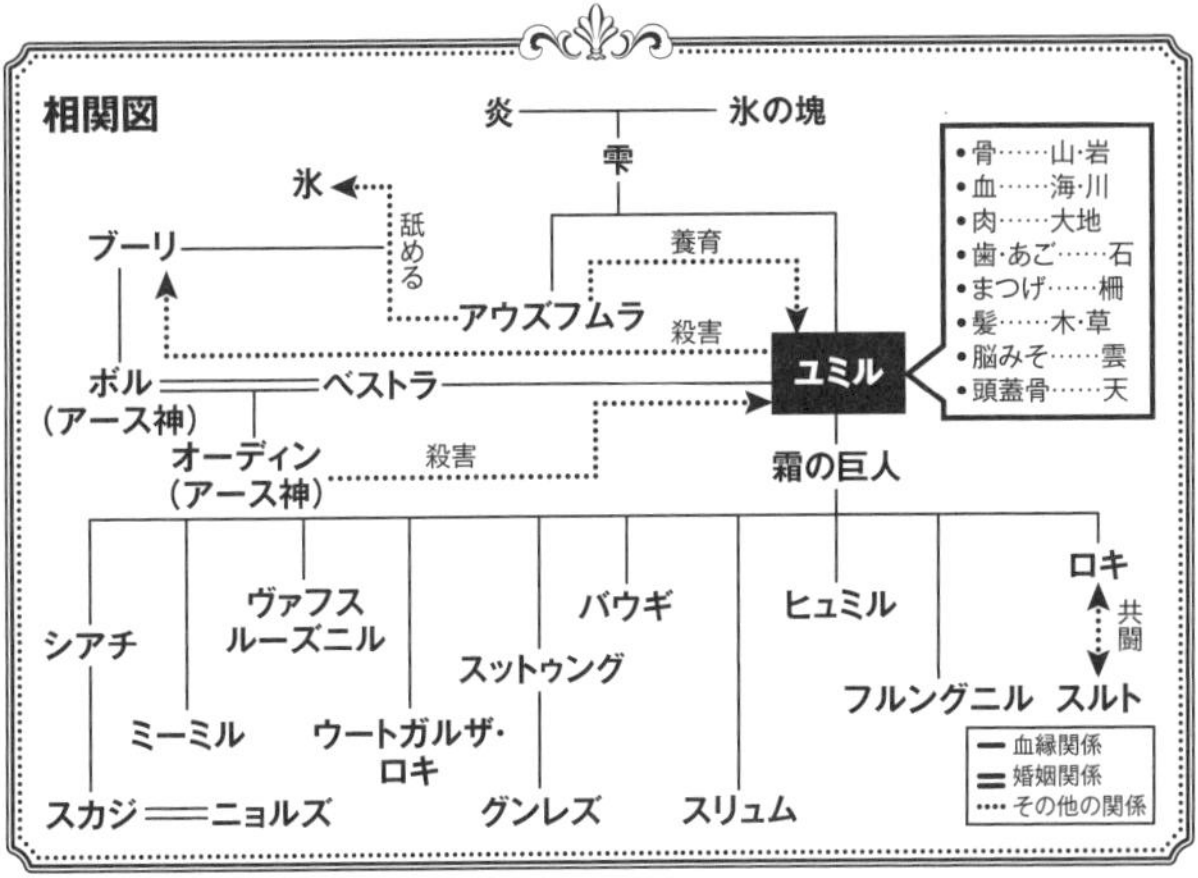

人」と呼ばれるようになる。

ゲームなどで、ユミルの名を冠するキャラクターが登場する際、氷属性をつけられることが多いのは、この名前が由来しているからである。

神々の誕生とユミル殺害事件

巨人族の祖であるユミルが氷の塊から滴る雫からうまれたといわれる一方、ユミルに遅れて最初の神であるブーリも、ぶ厚い氷の中から誕生する。ブーリは氷の中に埋まっていたが、アウズフムラが食料としていた氷についた「塩辛い霜」を舐めたことで氷が溶け、外界に出てきた。

　ブーリはその後、ボルという息子をもうけ、ボルと巨人族の娘ベストラとの間にはオーディン、ヴェリ、ヴェーの兄弟が誕生。しかし、このオーディンの世代で、巨人族との間にはじめての諍《いさか》いが起こる。ユミルら霜の巨人一族が、はじまりの神ブーリを殺害。さらに、オーディンら3人の兄弟もユミルを殺してしまったのだ。オーディンが世界を自分たちの手で治めたかったためともいわれているが、ユミル殺害の動機は、どの原典にも描かれていない。

　ユミルの巨体が倒れ、オーディンたちに切り裂かれた体からは、おびただしい量の血液が流れ出した。あふれだした血の海はやがて洪水となり、巨人たちを飲みこんでいく。この時、数人の巨人が生き残ったと考えられているが、『新エッダ』の「ギュルヴィたぶらかし」では、生き残った巨人族は石臼の上に乗って難を逃れたベルゲルミルと、その妻だけだったという。

ユミルの死骸でつくられた世界

　ユミルの死骸は、オーディンらによってギンヌンガガプという深い穴に運ばれた。そして、ユミルの血液を穴になみなみと満たしたあと、肉体から大地、骨から岩山、血から海と湖がつくられ、頭蓋骨は天の覆いとなった。神々はユミルの体で世界を創造したのである。

生き残った巨人族は少しずつ数を増やし、ヨトゥンヘイムという土地で生活をはじめた。そして先祖であるユミルを殺害した神々との対立を深めていく。巨人たちとの遺恨を恐れた神々は、ユミルのまつげを使い人間の国ミズガルズを囲む壁をつくり、その中に人間を住まわせたという。

「人間が脅威から身を守るために壁の中で生活する」という世界観は、漫画『進撃の巨人』にも見られる。本作ではユミルという名の巨人化できるキャラクターも登場し、人々を守る壁建造の謎に巨人が関わっているなど、北欧神話からの影響が強い。作者である諫山創氏も北欧神話を知っていればストーリーが読み解けると明言している。

遠縁に殺害されるという最期を迎えたユミル。物語がユミルの死骸の上で繰り広げられることを踏まえると、北欧神話とは、はじまりからなんとも死臭に満ちた物語なのである。

Mímir

ミーミル

オーディンに知恵を授けた巨人

世界樹ユグドラシルを支える3本の根。そのうちの1本の根元に、巨人ミーミルが番人をしている知恵の泉がある。ミーミルはアース神族とヴァン神族の戦争により首を切られたが、最高神オーディンの治療により生きながらえる。ミーミルが番人をしている泉は「ミーミルの泉」と呼ばれ、ミーミル本人もこの泉の水から深い知識と知恵を得ていた。

知恵の巨人など

オーディンの右目

ミーミルの豊富な知識と知恵は、蜜酒ともたとえられる、ミーミルの泉を飲むことで得ていたという。オーディンはこの泉の水を飲むかわりに、担保として自身の右目をミーミルに差しだした。オーディンの右目を受け取ったミーミルはその目を泉の底深くに沈めた

巨人族／アース神族

ヴァナハイム／ミーミルの泉（アースガルズ）

人質として交換され生首となった知恵者

知恵の泉を守る首だけの巨人ミーミル。「王のサガ」のひとつ『ヘイムスクリングラ』では、アース神族ともいわれるミーミルだが、こんな奇妙な姿になった理由は、アース神族とヴァン神族の長きにわたる戦争にあった。

ふたつの神族は世界初の戦争をはじめたものの、長すぎる戦いに疲弊し、和平を結ぶことにした。和平の証として、アース神族はヘーニルとミーミルを、ヴァン神族は航海の神ニョルズ〔→P84〕、豊穣の神フレイ〔→P78〕、愛と美の女神フレイヤ〔→P72〕を人質としてそれぞれ交換することになった。

ヴァン神族のもとに送られたヘーニルとミーミルのうち、ヘーニルは背が高く、その見た目の麗しさからヴァン神族の間で評判の神となっていく。しかしその実、思慮が浅く、すべての判断を智恵者のミーミルに頼る有様だった。

見かけ倒しのヘーニルに、アース神族は人質に出しても惜しくないものを寄こしたのだと思ったヴァン神族は、当てつけに、ヘーニルではなくミーミルの首を切ってしまった。ミーミルの知恵を失うことは、アース神族にとって惜しいことだと考えたのだ。

ヴァン神族はミーミルの首をアース神族へ送り返した。首を受け取ったオーディンは、彼の知恵を失うことを惜しく思い、首に薬草を塗り込み、魔法をかけることで、ミーミルの首だけを生き返らせたという。

旅人オーディンが向かったミーミルの泉

首だけの姿になったミーミルは、ユグドラシルを支える3本の根のうちの1本、巨人の国であるヨトゥンヘイムに伸びる根のもとに広がる、知恵の泉の番人となった。のちに泉は「ミーミルの泉」と呼ばれた。『古エッダ』の「巫女の予言」によれば、ミーミルは毎日この泉の水を飲み、その知恵をさらに深めていたという。

ある時、オーディンは旅人に扮して、世界中を旅していた。来たるラグナロクに向けて、世界を救う方法を探していたのである。そこで、あらゆる知恵を得られるというミーミルの泉を訪ねることにした。

しかしその道中、巨人のヴァフスルーズニル［→P164］から、泉の水を飲むには片目を差しださなければいけないということを知らされる。オーディンはその代償に大いに悩んだ。いくら知恵が得られるとはいえ、片目を失うのは怖ろしいことだったのだ。

だが、世界を歩いているうちに灼熱の国ムスペルヘイムで、炎の巨人ムスッペルの長スルト［↓P152］を見た。この巨人は終末の戦いラグナロクで、オーディンたちの敵となると言われていたのだ。また、極寒の国ニヴルヘイムにあり、冥界の使者の血で溢れているというフヴェルゲルミルの泉の中から響く、禍々しくうなるような音も聞いた。

オーディンはこの世界に近づく危機を感じ、ついに片目を犠牲にすることを決心したのだ。

知恵の代償となったオーディンの片目

オーディンはついにミーミルの泉にたどりつく。旅人を見たミーミルは、すぐにこの男が最高神オーディンであると悟る。

オーディンがミーミルに泉の水を飲ませて欲しいと頼むと、ミーミルはやはり首を縦に振らなかった。オーディンが巨人ヴァフスルーズニルに言われたとおり、ミーミルは泉の水を飲む代償として、片目を差しだせと言う。オーディンは意を決してその条件を呑んだ。

ミーミルは大きな角の盃に溢れた泉の水をオーディンに飲ませた。『新エッダ』の一説「ギュルヴィたぶらかし」によると、この角の盃は番人ヘイムダルがラグナロクを知らせる角笛、ギャラルホルン［→P88］だったともいわれる。

オーディンは知識と知恵を得たことを確かめると、約束どおり自分の目をえぐり取り、ミーミルに差しだしたのだ。ミーミルはオーディンの目を受け取ると、泉の奥深くに沈めたという。

こうして知恵を得たオーディンは、世界の未来が見えるようになった。オーディンがその知恵で見た未来の結末は、なんとも悲惨なものだったが、一筋の希望を見いだしたオーディンは、泉から得た知恵と知識を携え、ラグナロクに臨むのだった。

このように、旅人に知恵を与える存在であるミーミルは、漫画やゲームなどでも、主人公を導く存在やアイテムなどに名づけられることがある。

Surtr

スルト

炎の巨人ムスッペルたちの首領

南にある灼熱の国ムスペルヘイムの入り口を守る炎の巨人で、「スルト」という言葉には「黒い」という意味がある。そのため、黒く強靭な肉体を持った巨人だったといわれる。スルトの逸話は最終戦争ラグナロク以外にはほとんど見られない。スルトはラグナロクの際に炎の剣を持って神々の国アースガルズに攻めこみ、世界を焼き尽くした。

ムスッペルの長など

炎の剣

「太陽のようにきらめく剣」とも呼ばれ、炎を司る。ラグナロクの際に、スルトがこの剣を持って世界を火の海にした。もともとは豊穣の神フレイ[→P78]が持っていた宝剣で、女巨人ゲルズと結婚する際に手放し、スルトにわたったものだという説もある

ᚦ

ムスッペル

ムスペルヘイム

炎の剣を持ちムスペルヘイムを守る

世界の南には、原初の巨人ユミルがうまれる以前から存在したという、灼熱の国ムスペルヘイムがあった。スルトはこのムスペルヘイムの国境を守る巨人だ。ムスペルヘイムに住む巨人たちは炎の巨人ムスッペルと呼ばれ、スルトがその長として君臨していたのである。

巨人というと「霜の巨人」という呼び名からも寒冷地帯と結びつくが、炎を司るスルトはその中でも異質である。ムスッペルたちは、灼熱に耐えられるほど強靭な肉体を持ち、独特の戦い方で神々を翻弄したという。

ムスッペルの中で名前がわかっているのは、スルトとその妻であるシンモラだけだ。「審判の日」「終末の日」という意味を持つというこのムスッペルたちが、その名のとおり、ラグナロクの際に世界を破滅させてしまうのである。

世界を破滅に追い込んだスルトの炎

炎の剣を携えたスルトはラグナロクが訪れると、ムスッペルの軍勢を引き連れて進軍を開始した。邪神ロキの率いる巨人族とともにアースガルズに攻めこみ、次々と神々を薙ぎ払っていく。

スルトには豊穣の神フレイが立ちはだかるも、宝剣を他人に譲っていたため、鹿の角で応戦するしかなかったフレイに、スルトを止めることはできなかった。さらにスルトは、地上からアースガルズへ唯一いけるという、虹の橋ビフレストを落とし、神々を追い込んでいく。

神々がヴィーグリーズの野へと転戦すると、スルトはこの地に火を放ち、世界を炎で覆ってしまった。太陽と月が、オオカミのスコルとハティたち［→P186］に食べられ、世界は闇に包まれてしまったが、それでもスルトの放った炎は赤々と燃えていたという。こうして神も巨人も人間も死に絶え、世界は破滅を迎えたのだ。

スルトの驚異的なパワーは、ゲームなどでも如実に現れる。一筋縄ではいかないボスクラスのモンスターや神として現れ、プレイヤーに試練を与える。人気ゲーム『女神転生』シリーズでも常連のキャラクターとして登場する。やはり炎を操る悪魔で、強力なスキルや高い能力値が魅力だ。

Þjazi

シアチ

山の巨人

スリュムヘイム（ヨトゥンヘイム）

若返りのリンゴと女神イズンの誘拐犯

シアチはスリュムヘイムの館に住む、莫大な財宝を持つ巨人だった。このシアチは、神々の威厳に関わる大事件を起こす。

ある時、最高神オーディンと、邪神ロキは巨人の国ヨトゥンヘイムを旅していた。彼らは1頭の牡牛をしとめ、生肉を火にかけたが、どうしても肉に火がとおらず、空腹を満たすことができない。そこに、巨大な鷲がやってきた。鷲は自分にその肉を分けてくれれば、肉を焼けるようにしようと申しでる。鷲のおかげで肉は焼けたが、おいしい部分を鷲にすべて食べられてしまった。怒ったロキが鷲に襲いかかったが、逆に連れ去られてしまう。

この巨大鷲こそ、シアチが変身した姿だったのだ。正体を現したシアチは、ロキを逃がすかわりに、女神イズン［↓Ｐ94］の誘拐を手伝えと脅す。

イズンは不老のリンゴを管理し、アースガルズの神々に配給するという大切な役割を担っていたのだが、ロキは保身のため彼女の誘拐に手を貸すことを約束してしまった。イズンがいなくなると神々はみるみる老いていく。強く美しかった姿は醜くかわってしまったので、神々は必死に原因を探る。その原因をつくったロキを問いつめイズンを取り戻すように命じたのだった。

ロキは再びヨトゥンヘイムを訪れ、捕まっているイズンを木の実にかえ、自らは鷹に姿をかえて飛び立った。それを目ざとく見つけたシアチは激怒。大鷲に姿をかえてロキを追いかけるも、あと一歩のところで神々の仕掛けた炎の罠にかかり墜落。ついには殺されてしまった。この時焼け残ったシアチの両目は、彼の娘スカジ［↓Ｐ158］への償いとして天の星にされたという。

シアチは鷲に姿を変えるなど、風の属性や鳥をモチーフにしたキャラクターとして扱われることが多く見られる。事件の顚末と比べるといささか爽やかすぎる設定である。

Skaði

スカジ

ニョルズの妻となった女巨人

スカジは女神イズンを誘拐した巨人シアチの娘。弓矢を得意とし、狩人としてその名が知られている。父シアチが神々に殺されたことを恨み、その敵討ちに神々の国アースガルズを訪れたという。スカジはシアチへの償いとして、神々のうちの1神を婿にするという条件を提示。和解が成立し、ヴァン神族の航海の神ニョルズ［→P84］を婿とした。

山の巨人？／アース神族

スリュムヘイム（ヨトゥンヘイム）

スキーの女神、狩猟の女など

スキー

スカジはスキーの名手だった。そのため、スカジはスキーの神を意味する「アンドルグス」という別名を持っている。

弓矢

狩りの名人でもあったスカジ。スキーに乗り、弓矢を使って狩猟を行っていた。

極薄ひざWライン構造サポーター

L

装着方法

爪やアクセサリーなどでサポーターを引っかけないよう、十分ご注意ください。

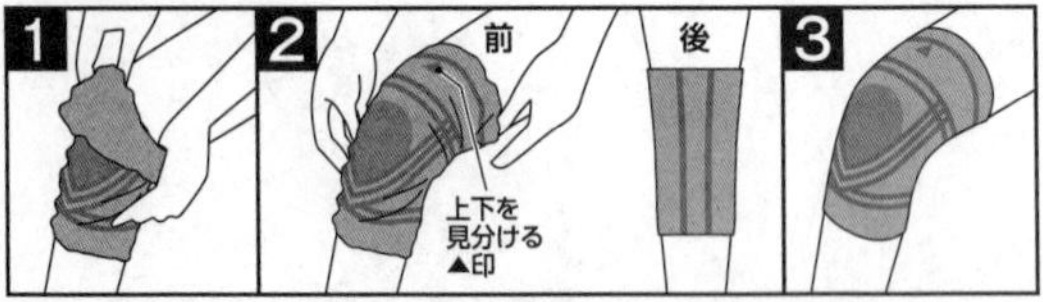

1 折ったサポーターを膝の上まで伸ばす。

2 サポーターの中央が膝頭にくるようにし、後側はWのラインが中央にくるよう調整する。

3 サポーターのシワを伸ばし、装着完了。

■材質／ナイロン、ポリウレタン
■サイズ／ひざまわり：36〜43cm
L
■セット内容／2枚組

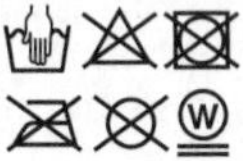

プラ 袋
紙 チラシ

⚠使用上の注意

●本品は医療用具ではありません。●高血圧の方や妊娠中の方、現在医師の治療を受けている方は、ご使用前に医師にご相談ください。●キズ、はれもの、湿疹などお肌に異常のあるときは使用しないでください。●ひざ以外の部位には使用しないでください。●ご使用前に必ず『装着方法』をよく読み、正しく装着してください。●鋭利なものなどでひっかけないようご注意ください。●装着の際は爪やアクセサリーで引っかけないようご注意ください。破れる恐れがあります。●商品の仕様上、内側に糸が少し出ている部分がありますが、絶対に切り取らないでください。破れる恐れがあります。●長時間使用する際や締まりすぎと感じる場合は、適度に着脱を繰り返してください。また、就寝時のご使用はお避けください。●使用中、使用後に異常を感じた場合は使用を中止してください。●洗濯機の手洗いモードでは洗えません。●この商品は洗濯により収縮する恐れがありますので形を整え陰干ししてください。●火気に近づけないでください。●本来の用途以外には使用しないでください。●使用感には個人差があります。

COGIT
株式会社コジット
大阪市鶴見区放出東1丁目29番10号
〒538-8555 TEL.(06)6962-1541(代)
ホームページアドレス http://www.cogit.co.jp
E-mail service@cogit.co.jp

4 969133 904677

Designed by COGIT in Japan. 中国製

美しさと激情をあわせ持つ女狩人

武装した戦う女性というキャラクターは、さまざまな作品で登場する。そのモデルは神話から取られることも多い。スリュムヘイムの館の主である巨人、シアチの娘スカジもまた、魅力的な戦う女性だった。

スカジは狩猟の名手で、冬山をスキーで走りまわり、狩りを行っていた。それだけでも勇ましい女性だが、彼女には神々のもとに武装して乗りこんだという伝承がある。

父シアチは若返りのリンゴの管理者イズンを誘拐し、神々の世界に混乱をもたらした巨人だ。邪神ロキによってイズンは救い出されたが、シアチはロキを追いかけて神々の仕掛けた罠にはまり殺されてしまう。スカジは父の訃報を知り、仇を討つことを決めた。スカジは美しく麗しい巨人の娘だったが、非常に激しい気性の持ち主だったのだ。

スカジは鎧兜を身につけ、アースガルズに単身乗りこんだ。神々は彼女を哀れに思い、和解を申しでる。スカジは和解の条件に、アースガルズの神々から夫を選ぶことを許すように持ちかけた。神々はこの条件を受け入れたが、かわりに条件を出す。なんと、足だけを見て婿を選べというのだ。

スカジが足だけを見て選んだ婿とは？

神々とスカジは互いの条件を呑み、スカジの婿選びがはじまった。スカジには、この婿選びで求めていた神がいた。最高神オーディンの息子で光の神と呼ばれた美青年のバルドル［↓P48］だ。

上半身を隠した男神たちが並ぶという異様な光景の中、スカジは美しい足に目を止める。この透きとおるような白い足はバルドルのものに違いないと思ったスカジは、この足の神を婿にすると宣言した。

ところがいざ蓋を開けてみると、白い足の持ち主は、航海の神ニョルズだったのだ。思いも寄らない人物を婿に選んでしまったスカジだが、神々からは「神々の美しき花嫁」と呼ばれて歓迎された。

しかし、やはり納得がいかないスカジ。彼女はさらに条件をつけ、父シアチが死んでから笑っていない自分を笑わせてみろというのだ。そこでシアチが死ぬきっかけをつくった、邪神ロキが名乗りをあげた。

ロキは自身の陰嚢《いんのう》とヤギの髭に紐を結び、ヤギと引っ張りあい甲高い悲鳴を上げはじめた。なんとも下品なネタで笑いを取りにいったロキだったが、その滑稽な姿に思わずスカジは笑い、ようやく和解が成立したのだった。

一説によると、ロキとスカジは、実は一度体の関係を持ったことがあるのだという。

だが、ロキはスカジにとって父の仇。このの ち、ロキが木に縛られた時、その頭上に毒蛇を結び、毒がロキの顔にしたたるようにしたのはスカジだったという。彼女の心に芽生えた復讐の炎は、ロキ渾身の下ネタを持ってしても鎮火しなかったようだ。

山と海のちぐはぐな夫婦の新婚生活

さて、こうして山の狩人スカジと、航海の神ニョルズの新婚生活がはじまったのだが、もともと生活してきた環境の違うふたりである。スカジは山に住みたいと言い、ニョルズは海のそばがいいと言うので新居が一向に決まらなかった。『新エッダ』の「ギュルヴィたぶらかし」によると、ふたりは散々議論した結果、9日間ずつ、スカジが生活していたスリュムヘイムと、海の近くにあるノーアートゥンに交互に住むことになった。

いよいよ新婚生活のはじまりと思えたが、ニョルズの望む海の近くではスカジは海鳥の鳴き声で眠ることができず、スカジの望む山奥ではニョルズはオオカミの遠吠えにうんざりするといった調子だった。お互いがお互いに不満をつのらせる日々を続けていたようだが、『古エッダ』の「ロキの口論」に出てくる神々の酒宴には夫婦で出席している。しかし、『ユングリンガ・サガ』では最高神オーディンの妻となったとも書かれており、結果的にはニョルズとはうまくいかなかったのかもしれない。

スカジは一説にはケルト神話の「スカアハ」であるとされる。ケルトの英雄であり槍の名手、クー・フーリンの師匠ともいわれ、『Fate/Grand Order』では別名のスカサハの名で登場する。弟子クー・フーリンの設定にならい槍の使い手、ランサーとして活躍する。

スカジの血気盛んで美しいイメージは、キャラクターとしても魅力的だ。

Vafþrúðnír

ヴァフスルーズニル

巨人族

ヨトゥンヘイム

オーディンが知恵比べを挑んだ老巨人

最高神オーディンは来たるラグナロクに向けて、あらゆる知識を得ようとした。ヴァフスルーズニルもまた、豊富な知識を持った老巨人で、その知識量はオーディンが嫉妬《しっと》するほどであったという。そんなヴァフスルーズニルとオーディンは、それぞれの知恵を競いあったことがある。

ある時、オーディンは人間の旅人を装い、世界をめぐっていた。ガグンラーズと偽名を名乗ったオーディンは、知恵比べのためにヴァフスルーズニルのもとを訪れる。博識で評判のヴァフスルーズニルだが、オーディンの変装には気づかず、「お前の知識がわしに劣っていたら、この屋敷からは出さんぞ」と威《おど》しをかけた。こうして、ふたりの知恵比べがはじまった。

はじめにヴァフスルーズニルが問答をしかけ、それにオーディンが答えると、今度はオーディンが問答をしかける。問いの内容は、世界の仕組みや、地名などの基礎的なものからはじまったが、次々と問いに答える人間の旅人に、老巨人は驚きを隠せない。お互いに質疑応答し、ヴァフスルーズニルが17問目を回答し終わったところで、オーディンが問いを出す番になった。

ここでオーディンは「オーディンは息子のバルドルが殺される時、最後になんと言ったか」という問いを出した。これはラグナロクの予言で、答えはオーディンしか知らない。ここで老巨人ははじめてこの旅人が神々の父オーディンであることを悟ったのだ。こうしてオーディンが知恵比べに勝利を収めたという。この勝負のあと、ヴァフスルーズニルがどうなったのかは語られていない。

オーディンと知恵を競った老巨人の名は、やはり知恵に深く関係する。しかし、オーディンの変装を見抜けないあたりを考えると、ヴァフスルーズニルの知恵と知識は、一目で変装を見やぶった「知恵の泉」の番人ミーミル［↓P146］には劣りそうだ。

Utgarða Loki

ウートガルザ・ロキ

巨人族

ウートガルズ
(ヨトゥンヘイム)

トールを打ち負かした巨人族の王

巨人の国ヨトゥンヘイムにある、ウートガルズという都市を治めていた巨人族の王。雷神トールと邪神ロキが力試しのために入国した時、対峙したのが彼だ。ウートガルザ・ロキはとても賢い巨人で、敵を惑わす幻術を得意としていた。力では勝てないトールやロキを相手に、幻術を巧みに利用し攪乱。危機に追い込まれながらも勝利を収めている。

ウートガルズの王など

魔法の猫

ウートガルザ・ロキがトールの一行にしかけた幻術のひとつ。見た目は猫に見えるが、その正体は大蛇ヨルムンガンドだった。巨大なヨルムンガンドを持ち上げられるわけがない。トールは見事に、ウートガルザ・ロキの策略にはまって敗北してしまった

ウートガルザ・ロキが仕掛けた力比べ

雷神トールと邪神ロキにシャールヴィという人間の少年を加えた一行は、巨人ウートガルザ・ロキが治めるウートガルズへ力試しをしに乗りこんだ。そこで巨人ロキは、トール一行に力比べを申し出る。まず邪神ロキには、「ロギ」という巨人との大食い競争をしかけ、シャールヴィには、「フギ」という巨人との足の速さ比べを持ちかけた。いずれも接戦を繰り広げるが、ふたりの巨人に勝つことはできなかった。

ふがいない仲間を見ていた雷神トールは「次は自分が」と、力比べに名乗りを挙げた。それに対して巨人ロキは「角杯を一息で飲み干して空にせよ」「わしの猫を地面から持ち上げよ」「老婆と相撲を取れ」という3つの課題を出す。いずれも簡単そうに感じたトールだが、どれもうまくいかなかった。

巨人ロキのトンチにはまったトール一行

釈然としない様子のトール一行に、巨人ロキは直々に種明かしをはじめる。

彼が仕掛けた力比べは、すべて彼の幻術がつくりあげたものだった。

邪神ロキが大食いの相手をしていたロギの正体は「炎」で、食べていたのではなく焼き尽くしていただけだった。シャールヴィが相手にしていたフギの正体は「思考」。どんな瞬足でも、思考と速さを競っても負けるだけだ。さらにトールに出された3つの課題も巨人ロキの幻術だった。角杯を満たしていたものは「海」で、もちろん海を飲み干せるわけがない。持ち上げようとしていた灰色の猫の正体は「大蛇ヨルムンガンド」。また相撲を取っていた老婆は「老い」そのものだった。

種を明かした巨人ロキは「幻術に対抗する神々の力に正直肝を冷やした」と語ったが、2度と会わないほうがいいだろうと言って姿を消してしまうのだ。

神々を手玉に取ったウートガルザ・ロキ。彼の名前はゲームなどの敵キャラとしてもしばしば登場するが、人気ライトノベル『とある魔術の禁書目録《インデックス》』でもその名を見ることができる。神話の巨人と同様に、幻覚の魔術に長けており、「五感のひとつが得た情報を他の五感に移す」という力の持ち主だ。どこか人を食ったような性格も、巨人ロキがもとになっているのだろう。

Suttungr & Baugi

スットゥングとバウギ

霜の巨人

ヨトゥンヘイム

賢者の蜜酒を守る霜の巨人の兄弟

霜の巨人スットゥングとバウギは兄弟だ。ふたりの両親は、小人フィアラルとガラルのいたずらで命を落としてしまったが、その償いに「賢者の蜜酒」を得ていた。この賢者の蜜酒は、飲んだものに知恵と素晴らしい詩をうみだす才能を与える飲みものだ。スットゥングは蜜酒を守るため、フニトヴョルグの洞窟に隠し、娘のグンロズにその見張りをさせることにした。

この蜜酒に目をつけたのが、他ならない最高神オーディンだ。オーディンは得意の変装で旅人を装い、スットゥングの弟のバウギのもとを訪れた。バウギは9人の奴隷に仕事をさせていたが、オーディンはこの9人を殺害。人手が足りなくなったところを狙い、雇って欲しいと申し出たのだ。そして、9人分の働きの見返りに、蜜酒を飲ませて欲しいと頼んだ。バウギは兄に事情を話すが、きっぱりと断られてしまう。そこでオーディンは、働いた分の駄賃を払えとバウギを威し、フニトヴョルグの洞窟に錐《きり》で穴を開けさせた。はじめは穴を開けたフリをしていたバウギだが、オーディンは穴が貫通していないと見抜き、さらにバウギを急かした。ついに小さい穴が空くと、オーディンはすかさず蛇に姿をかえて穴の中からフニトヴョルグの洞窟に侵入してしまう。

オーディンは見張りのグンロズを誘惑。蜜酒を3口だけ飲ませて欲しいと願い、グンロズが許すと、3口で蜜酒すべてを飲み干し、すかさず鷹に姿を変えて飛び立つ。グンロズはただ呆気にとられるだけだった。オーディンはアースガルズに戻ると蜜酒を桶の中に吐きだし、まんまとこれを手に入れたのだ。

オーディンに蜜酒をだまし取られてしまった巨人の兄弟と娘。彼らの名前がゲーム作品などに登場することは少ないが、アイテムとして「スットゥングの蜜酒」が使用されることは多い。詩の才能は北欧神話において知恵と魔力の象徴でもある。オーディンが本当に望んだのは、人々を治める力だった。

Þrymr

スリュム

巨人族

ヨトゥンヘイム

フレイヤを娶ろうとした小ずるい巨人

『古エッダ』には、巨人の国ヨトゥンヘイムに住む王のひとりと記されているスリュム。王として莫大な富を持っていたスリュムは、妻を娶っていないことを不満に思っていたという。そのうちに彼は愛と美の女神フレイヤ［→P72］を、妻にしたいと考えはじめた。しかし、フレイヤが容易く自分を受け入れるとは思えない。そこでスリュムはまず、雷神トールからミョルニルという大槌を奪った。大切な槌をなくしてしまったトールは、慌てて邪神ロキに相談。ほどなくしてスリュムがミョルニルを奪った張本人だとわかるが、スリュムは「返して欲しければフレイヤを差し出せ」と言う。トールはフレイヤに事情を説明するが、彼女は怒り、協力を拒否されてしまった。

その様子を見たロキは、トールが女装をしてスリュムのもとに行けばいいのだと言いだした。ミョルニルが巨人の手にわたってしまえば神々の身が危なくなる。トールの気も知らず、神々はロキの作戦に諸手を挙げて賛成した。トールは嫌々花嫁に変装し、スリュムのもとへ向かった。

スリュムは到着した花嫁に喜んだが、いざ口づけをしようとすると、トールの血走った目が見えてしまった。すかさず侍女に扮したロキが「フレイヤは貴方に焦がれて8日もの間寝食を忘れていたのだ」と助け船を出す。スリュムはその言葉に納得し、早々に花嫁を清めようとミョルニルを持ってきたのだが、大槌を見るが早いか、トールはすぐさまそれを掴み、そのままスリュムの頭に振り下ろした。勢いづいたトールは館の巨人たちを皆殺しにしてアースガルズに帰還したという。

女装したトールに殺されてしまったスリュム。神話の中での登場回数は多くないが、このエピソードのおもしろさから名が知られている。女装ネタや、性別と見た目が異なるキャラクターの名前に用いられることが多い。

Hymir

ヒュミル

海の巨人

エーリヴァーガル（ヨトゥンヘイム）

雷神トールにライバル心を燃やす老巨人

原初の巨人ユミル［↓P140］がうまれたエーリヴァーガルという毒の川。その東の館には、睨《にら》むだけでものを壊せる老巨人ヒュミルが住む。ある時、宴で出す麦酒を入れる鍋を探していた雷神トールは、大きな麦酒醸造鍋を持つヒュミルのもとを訪れた。ヒュミルはトールの来訪をあまりよく思っていなかったが、夕飯に招きもてなす。トールは遠慮せず飲み食いし、牛を2頭もたいらげる。その食いっぷりに、ヒュミルの妻はトールを気に入った。

あまりの食欲にふるまうものがなくなり、漁業を生業としていたヒュミルは海へ漁に出た。トールが漁の手伝いを申し出ると快諾。ふたりは船の上で釣りをはじめた。ヒュミルは鯨を釣り上げたが、対するトールは大蛇ヨルムンガンド［↓P124］を釣り上げる。ヒュミルは釣り糸を切り、ヨルムンガンドを海に沈めたが、釣り上げた獲物の差にヒュミルの機嫌はさらに悪くなっていく。

ヒュミルはトールに恥をかかしてやろうと、ガラスの高脚盃を壊す遊びを持ちかけた。ところが、これは割れない魔法の盃で、いくら壊そうとしてもトールは盃を割ることができない。しかし、トールを気に入っていたヒュミルの妻が、ヒュミルの頭に投げればいいと助言を与えてしまう。トールは助言どおり、ヒュミルの頭にむかって、勢いよく盃を投げつけて割ってしまった。観念したヒュミルは麦酒をつくる大鍋を持たせさっさと帰らせることにした。

これ幸いとトールは大鍋を軽々と持ち上げ、ヒュミルの家をあとにしたが、怒りが収まらなかったヒュミルは、徒党を組んでトールを追いかけてきた。しかし、トールの力に及ばずヒュミルたちは返り討ちにあってしまう。

髭につららが下がっていたというヒュミルは、氷の力を持つキャラクターとして描かれることが多い。しかし、トールに敗れてしまったことから、そのステータスは決して高いとはいえないだろう。

Hrungnír

フルングニル

山の巨人

ヨトゥンヘイム

オーディンの策略ではじまった一騎打ち

石の頭と心臓を持つ巨人フルングニル。彼のもとには名馬グルファクシがいた。ある時最高神オーディンは、このグルファクシと自身の愛馬スレイプニルの足を競わせようとフルングニルを誘う。オーディンはフルングニルの持つグルファクシが欲しかったのだ。

オーディンの誘いに乗ったフルングニルは、疾走の勢いで気がつくと神々の住むアースガルズに入っていた。神々はフルングニルを快く迎え入れ宴を催すという。しこたま酒を飲まされたフルングニルは、前後不覚になり、どんどん口が悪くなっていった。たがが外れた彼は、あろうことか神々の悪口を言いはじめる。腹が立った神々は、フルングニルを止めるために雷神トールを呼んだのだが、フルングニルが丸腰だったため、改めて決闘を行うことにした。

アースガルズとヨトゥンヘイムの国境で対峙したトールとフルングニルは、それぞれ、大槌ミョルニルと砥石《といし》を投げつけた。砥石とミョルニルは衝突。砥石は割れてしまい、破片がトールの頭に当たったが致命傷にはいたらなかった。対するミョルニルは一直線にフルングニル目がけて飛んでいき、脳天をふたつに割った。トールとフルングニルの決闘は、トールの勝利に終わった。

しかし、脳天をつかれフルングニルの巨体が倒れた時、トールはその下敷きになってしまった。トールの息子であるマグニ［→P108］が父を救い出したため、その功績を称えられ戦利品の名馬グルファクシは彼に与えられることになった。そもそもグルファクシが欲しくて策を講じたオーディンは、この結末に大いに不満を感じたという。

雷神トールと一騎打ちを演じたフルングニル。その戦闘的な性格と、巨人族であることから、氷属性の強敵として扱われることも多い。ゲーム『ラグナロクオデッセイ』ではボスモンスターとして登場。難敵として名高い。

Hrӕsvelgr

フレスヴェルグ

世界に風を起こし死者をついばむ大鷲

巨人族

ユグドラシルの頂上

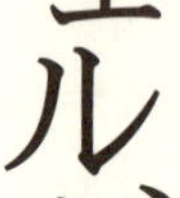

世界樹ユグドラシルの頂上の北端にとまり、下界を睥睨《へいげい》する大鷲フレスヴェルグ。いつも天空から下界を見下ろしていて、あらゆる出来事に通じているとされる。『古エッダ』の一説「ヴァフスルーズの言葉」では、その正体は巨人族であるとされ、『新エッダ』の「ギュルヴィたぶらかし」では、彼の翼の羽ばたきは世界の人々に風となって吹き下ろされるといわれている。

この怪鳥は死者の肉を食らい魂を運ぶ役割を持ち、ユグドラシルの根元に住む黒蛇ニーズヘグ［→P188］と同様に恐るべき存在である。ニーズヘグとは大変仲が悪く、死者の魂をどちらがより多く喰らえるかという配分をめぐって、いつも喧嘩ばかりしている。最終戦争ラグナロクの時は、フレスヴェルグもニーズヘグとともに死者の魂を奪いあう。フレスヴェルグの目と目の間には鷹がとまっている。

なお、フレスヴェルグと同じくユグドラシルの頂上には雄鶏がとまっている。雄鶏の名は「木の蛇」という意味を持つヴィゾフニルといい、自ら光り輝いてユグドラシルを隅々まで照らす。ヴィゾフニルを唯一殺すことができるのは、魔剣レーヴァティン【↓P112】だけだとされているが、レーヴァティンを手に入れるためにはヴィゾフニルの羽根が必要だという。

鷲の化身フレスヴェルグはその威容から、各メディア作品では、特に武器や兵器の名前で登場する傾向が強いキャラクターでもある。また、前述の雄鶏ヴィゾフニルとも混同されることもある。ちなみにヴィゾフニルは、モンスターや武器、技の名前としてもしばしば使用されるが、その性質になぞらえて強い光と関係のあるものになっていることが多い。『FFXIII』では、大鷲フレスヴェルグの名前がつけられた武器が登場し、改造することで雄鶏ヴィゾフニルの名を冠する武器にレベルアップする。

『SÁM 66』から、軍神チュールの右腕を噛み千切る魔狼フェンリル
(Stofnun Árna Magnússonar á Íslandi蔵)

4章

神話を彩る英雄たち

スレイプニル／ソールとマーニ／ニーズヘグ／ベルセルク／ブロックとシンドリ／アンドヴァリ／ファヴニール／シグルズ／ブリュンヒルド

Sleipnir

スレイプニル

神馬

アースガルズ

8本の脚を持つ神馬

スレイプニルとは「滑走するもの」の意。この世に存在するどんな馬よりも速く駆けることができ、時には空をも飛んだという。あらゆる世界に行ける能力を持っており、死者の国までひとっ飛びで駆けることもできた。邪神ロキ［→P112］が巨人の愛馬と交わって産み落とし、最高神オーディン［→P36］に献上されて、その愛馬となった。

神界一の駿馬、オーディンの愛馬など

スヴァジルファリ

スレイプニルの父。アースガルズの城壁をつくった巨人の愛馬でもあり、怪力で働きものだが、牝馬に変身したロキに誘惑されて仕事を放棄してしまう

グラニ

英雄シグルズ[→P202]の愛馬。スレイプニルの血を引いており、炎も飛び越える

世界一の駿馬の母親は邪神ロキ？

　ある日神々の国アースガルズに、ひとりの巨人が訪れ、外敵を侵入させない堅固な砦を建てることを申しでた。この申しでに神々は喜んだが、あろうことか巨人はその報酬に太陽と月、そしてアースガルズで最も美しい女神フレイヤ［↓P72］を差しだすように要求。悩んだ末に「巨人が期限までにだれの助けも借りずに砦を建てることができれば、望みどおりの報酬を与える」と条件を出した上で、神々は巨人の申し入れを受け入れた。

　契約が成立すると、巨人は自らの飼い馬スヴァジルファリを働かせて、あっという間に堅固な砦を築いていく。砦がほぼ完成し、約束の期限を3日後に控えた夜。スヴァジルファリの前に、1頭の美しい牝馬が現れた。スヴァジルファリはこの牝馬に一瞬で誘惑され、2頭連れだって駆けていってしまった。愛馬に仕事を放棄された巨人は、期限内に砦を完成することができなかったため、神々は巨人へ報酬を支払わずにすんだのだった。

　一方、スヴァジルファリはというと、牝馬と2日2晩野山を駆けめぐり交わった。実はこの牝馬、ロキが変身した姿だったのだ。牝馬となったロキは8本の脚を持つ馬を産み落とし、最高神オーディンに献上した。この馬こそ、世界最速と名高いオーディンの愛馬、スレイプニルなのである。

冥界との関わりも深いスレイプニル

オーディンの愛馬や世界一の駿馬といった輝かしい肩書きとは裏腹に、スレイプニルは死者の世界との関係が色濃くみられる。スレイプニルの特徴である8本脚は、棺桶を担ぐ4人の人間の足をモチーフにしたといわれ、灰色の毛並みも冥界との関わりを示しているのだという。

スレイプニルを産み落としたロキは、世界の破滅を招くラグナロクの指導者であり、その子どもには冥界の女王ヘル［→P130］がいる。その血縁であるスレイプニルもまた、死者の世界と密接な関わりを持っていても不思議ではない。

さらに、オーディンが死神の側面を持つことから、その愛馬であるスレイプニルは、敵を死の世界に送り込む恐るべき兵器ともいえるだろう。現にゲームなどでは兵器の名前として使われることもあるようだ。

ソールとマーニ

Sól & Máni

人間／アース神族

天空

名前のせいで天に召された月と太陽

太陽の女神ソールと、その弟で月を司るマーニ。『新エッダ』の一説「ギュルヴィたぶらかし」によれば、彼らは人間だとされている。

ことの起こりは、最高神オーディンが原初の巨人ユミル［→P140］の死体を使って天地を創造した頃。ムンディルフェリという人間が、自分の子どもたちの美しい金髪を自慢に思い、娘にソール（太陽）、息子をマーニ（月）と名づけた。ムンディフェリの傲慢《ごうまん》な行いに腹を立てた神々は、姉弟をとらえると、罰として昼夜交代で、太陽と月を乗せた馬車を引くように命じる。こうしてふたりは、世界を照らす太陽と月の満ち欠けを支配するようになった。

ちなみに、ソールは「早起き」を意味するアールヴァクと、「快速」を意味するアルスヴィズという2頭の馬を引いており、馬の肩には体を冷やすためのふいごが、取りつけられているという。

ソールとマーニが天に召し上げられ、世界は明るく照らされたのだが、巨人たちはこれを憎み、巨人の国ヨトゥンヘイムでいちばん恐ろしい2匹のオオカミに追いかけさせた。2匹の名前は、「騒音」を意味するスコルと「憎しみ」「敵」を意味するハティだ。スコルは太陽を、ハティは月をそれぞれ喰らい尽くそうと狙い続けている。

平時の間はソールとマーニを2匹のオオカミは決して捕まえることはできない。しかし、最終戦争ラグナロクの日に2匹はそれぞれの獲物に追いつき喰らい尽くしてしまうのだ。

ゲーム作品において、ソールとマーニの2人が重要なキャラクターとして扱われることはほぼないが、スコルとハティは一対の名前として登場することが多く、それぞれが対照的な属性を持つこともある。中でも、月とオオカミという相性のよい組み合わせのためか、ハティのほうが登場回数は多いようだ。

Níðhoggr

ニーズヘグ

ドラゴン

フヴェルゲルミルの泉（ニヴルヘイム）

ユグドラシルと死者の魂を喰らう黒竜

世界を支える大樹ユグドラシルには、多種多様な生物が棲んでいる。その中でも最も悪食で貪欲な怪物が、ユグドラシルの最下部ニヴルヘイムにある、フヴェルゲルミルの泉に住むとされる黒竜ニーズヘグだ。

ニズホッグ、ニドホッグ、ニドヘグともいいその名は、「怒りに燃えてうずくまるもの」を意味する。また、「恐るべき咬むもの」という異名も持っており、あらゆる物体を噛み砕く自慢の歯で、ユグドラシルの3本の根のうち1本に噛みつき、その養分を吸い取っている。

しかし、この悪食の竜が最も好んだものは死者の魂だった。『古エッダ』の

「巫女の予言」によると「ラグナロク終結後のニーズヘグは、黒い山々の中から閃光とともに空に舞い上がり、死者たちの魂を運んでいった」と記されている。ニーズヘグはラグナロクの戦いには参加せず、ユグドラシルに運ばれてくる死者の魂の分け前をめぐって、宿敵である大鷲フレスヴェルグ［↓P178］と喧嘩をしていたという。

ニーズヘグとフレスヴェルグは、常日頃からお互いを忌み嫌っていたが、ユグドラシルの幹には、彼らの憎悪を助長させるリスが住んでいた。リスの名前は「かじる歯」を意味するラタトスク。ラタトスクはユグドラシルの枝の間を駆けまわり、ニーズヘグとフレスヴェルグにそれぞれの悪口を吹聴しているといわれるが、その内容は定かではない。

ゲームやメディア作品でのニーズヘグは、彼の住処であるフヴェルゲルミルの泉が毒の泉であることから、毒竜として扱われることが多い。ラタトスクは神話での登場回数は少ないが、北欧神話を題材にしたゲーム以外にも名前が見られるなど認知度が高い。その容姿からマスコット的な存在として活躍している。今後はそのしたたかさがフィーチャーされるかもしれない。

ベルセルク

Berserk

人間

ミズガルズ

獣の皮をまとう狂戦士

最高神オーディンの加護のもとで戦う戦士のこと。獣の霊力を得るためにつけていた熊の毛皮がトレードマーク。人間とは思えないほどの怪力を誇り、痛みを感じず、まるで狂ったかのように戦い続ける。この状態はオーディンの魔術によるものと考えられていたが、近年では毒キノコによる錯乱状態だったのではないかといわれている。

バーサーカーなど

熊の毛皮

ベルセルクたちは戦いの際に熊の毛皮を装着した。彼らは獣の霊力を借り、一体化することで、戦場では規格外の戦闘力を手に入れることができると信じていたという。熊の毛皮のかわりに、オオカミの毛皮をかぶった戦士ウールヴヘジンと同一視されることがある

獣の皮をかぶり忘我の境地で戦う強者

北欧神話に登場する戦士ベルセルクの呼称は、英語の「バーサーカー（狂戦士）」、「バーサーク（凶暴な）」の語源ともなった言葉である。本来は古ノルド語で「熊の毛皮」の意。

北欧神話にはベルセルク以外にもオオカミの皮でつくった服をまとった戦士が描かれており、ウールヴヘジン（オオカミの狂戦士）と呼ばれている。イギリスの叙事詩『ベオウルフ』の主人公で英雄であるベオウルフの名前は、ここから取られたともいわれる。

ベルセルクが熊の毛皮をかぶるのは、皮の主である獣の霊力を借りて、その獣と同化する行為だといわれる。『ユングリンガ・サガ』によれば、鎧をつけず熊やオオカミの獣を被ったベルセルクは、ひとたび戦場に赴くと犬やオオカミのような荒々しさと、熊や牛のような力強さを発揮したという。

彼らは、勝利のために命を犠牲にすることも厭《いと》わないため、一族から「オーディンの眷属《けんぞく》」として惜しみない庇護と称賛を受けることができた。

最強戦士ベルセルクの狂気の秘密とは？

ベルセルクは痛みに対する感覚を持っていなかった。これは、彼らが儀式的な行為によるトランス状態に陥ったゆえのものと考えられている。一説によればベルセルクは戦いの前に自己暗示、あるいは麻薬作用を持つ薬草や茸類によって錯乱状態へと陥り、常時では外すことのできない身体能力のリミッターを解除したともいわれる。ベルセルクはその認知度とは裏腹に、神話には数回しか登場しないため、彼らの秘儀における詳細は定かではない。

謎と狂気に真相を隠されたベルセルクの存在は、漫画『ベルセルク』をはじめ、後世の創作にも多数影響を与えている。また、人気ロールプレイングゲーム『FF』シリーズに登場する「バーサク」という魔法は、敵、味方に関係なく守備力が下がるかわりに攻撃力が上がるというものだが、これもベルセルクの戦闘スタイルに由来したものだろう。このように、ゲームやメディア作品でのベルセルクの扱いは、彼らが持つリスクを度外視した桁外れの攻撃力をもとにした扱いが多い。

Brokkr & Sindri

ブロックとシンドリ

小人族

地底にある洞穴

ミョルニルをうみだした小人

ブロックとシンドリは小人の兄弟。手先が器用で鍛冶や細工に長けており、別の小人イーヴァルディの息子たちがつくった宝物、黄金の髪［→P60］、スキーズブラズニル［→P78］、グングニル［→P36］に対抗して、黄金の腕輪ドラウプニル、大槌ミョルニル、黄金の毛を持つイノシシ、グリンブルスティを製作した。

ミョルニル

雷神トール[→P42]の大槌。邪神ロキに制作を妨害されたため、持ち手が短くなってしまった

グリンブルスティ

どんな場所も馬より早く駆ける光り輝くイノシシ。豊穣の神フレイの宝物のひとつ[→P78]

ドラウプニル

無限に増える黄金の腕輪。最高神オーディンが息子バルドル[→P48]の棺に供えた

ロキと小人の兄弟の首をかけた技比べ

北欧神話の小人は鍛冶や細工に長けているものが多く、神々が持つさまざまな武器や財宝、道具のほとんどは小人たちがつくったものだ。ブロックとシンドリはそんな小人の兄弟である。彼らが神々に魔法の品を献上したのは、邪神ロキの首をとるためだった。ある日、雷神トールの妻シヴの髪を切ったロキは、お詫びの品として小人のイーヴァルディの息子を訪ね、黄金でできた髪、折りたたみ式の船スキーズブラズニル、魔槍グングニルをつくらせる。

ロキはこの宝物を自慢し、こんなにすてきなものをつくれるのは、イーヴァルディの息子たちだけだと吹聴。これを聞いた別の小人、ブロックとシンドリ兄弟は怒り、自分たちならもっと素晴らしいものがつくれると名乗り出た。こうして、ロキと兄弟はお互いの首をかけて勝負することになる。

小人の兄弟がつくった無限に増える腕輪

ブロックとシンドリ兄弟はさっそく鍛冶場に戻り、魔法の品物づくりに取りかかった。彼らは器用な手でどんどん作業を進める。その様子に焦ったのはロキだ。ロキはアブに変身して、兄弟の手を刺すなど邪魔をはじめたのだが、兄弟は妨害をものともせず、ついに3つのすばらしいアイテムをつくりあげた。黄金の毛並みを持つイノシシ、グリンブルスティと、一撃必殺の大槌ミョルニル、重さのおなじ8個の腕輪が9夜目ごとに滴り落ちる黄金の腕輪ドラウプニルだ。小人の兄弟は豊穣の神フレイ［→P78］、トール、最高神オーディンにそれぞれを献上。その出来に感心した神々は、兄弟の勝ちを言いわたしたのだった。窮地に立たされたロキだったが、さすがはアースガルズでいちばんの悪神。「自分の首にさわらずに首を切れたなら、この首をくれてやる」とトンチを持ちかけたので、ブロックとシンドリはロキの首を諦める他なかった。

ブロックとシンドリがつくった宝の中でも、無限に増え続ける黄金の腕輪ドラウプニルは、「滴るもの」という意味を持ち、北欧世界を題材としたファンタジー作品のアイテムとして扱われることが多い。古代の北欧世界では王が褒章として兵士に黄金の腕輪を与える習慣があり、配下の戦士にどれだけ多くの腕輪を与えられるかが、王の力量の物差しとなったのである。

Andvari

アンドヴァリ

小人族

地底にある
滝の近く

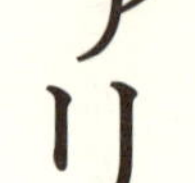

呪われた指輪を持つ黄金好きな小人

豊富な黄金を持っていた小人、アンドヴァリ。彼が所持していた、財産を増やす魔法の指輪アンドヴァラナウトは邪神ロキがこの小人から、大量の黄金とともに奪ったものであった。

最高神オーディンとロキが旅をしていた頃、カワウソに化けたオッタルという人間（小人とも）を誤って殺してしまった。それを知ったオッタルの父フレイズマルはオーディンを縛り上げ、釈放と引き換えに莫大な黄金を要求。オーディンはありったけの黄金を持ってくるように指示し、命を受けたロキは黄金を隠し持つ小人アンドヴァリを探した。当のアンドヴァリは、魚に変身して海の中に逃げていたので、ロキが神々の番人ヘイムダル［→P88］の祖母ラーンから借りた魔法の網によって、アンドヴァリはあえなく捕まってしまう。

ロキはアンドヴァリの黄金を残らず奪い、さらに黄金をうみだす指輪アンドヴァラナウトも強奪。この仕打ちを恨んだアンドヴァリは、奪われた指輪に向かって、手に入れたものに必ず破滅が訪れる呪いの言葉を口にする。こうしてアンドヴァラナウトは、所持しているものへ災いをもたらす呪いの指輪となったのだった。

アンドヴァリをゲーム作品などで見ることは少ないが、アンドヴァラナウトは通貨や財宝が増えていくアイテムとして登場することが多い。リヒャルト・ワーグナーの楽劇『ニーベルングの指輪』では、神々の王ヴォータン（オーディン）によってもたらされる呪われた指輪として描かれる。

世界を支配しうる魔力と引き換えに、所有者に破滅をもたらすという表裏一体の性質を秘めた指輪が、人間たちを誘惑し災いをまき散らしていくという設定は、J・R・R・トールキンの『指輪物語』をはじめ、さまざまな作品で取り扱われている。

fáfnir

ファヴニール

人間／ドラゴン

ミズガルズ

黄金の魅力に取りつかれ竜になった人間

最高神オーディンの賠償によって、呪いの指輪アンドヴァラナウトとあふれんばかりの黄金を手に入れたフレイズマルの息子、ファヴニール。彼は黄金に目がくらんで、弟のレギンと共謀して父親を殺し、さらに黄金を独り占めするためレギンを追放した。そのあと、魔法が得意だったファヴニールは、自分に魔法をかけて黒い竜へと姿を変え、自らが守る黄金に近寄るものがあれば、火を吐きかけて威嚇《いかく》したという。

一方、追放された弟のレギンは、兄への復讐と黄金への執着に取りつかれていた。レギンは人間の王族出身のシグルズ［↓P202］を養子に迎え、勇敢な戦士に育ててファヴニール討伐に向かわせる。ファヴニールとシグルズは死闘を繰り広げたが、シグルズの持つ、レギンが鍛え直した魔剣グラムの一撃を受けたファヴニールは死亡。黄金をめぐる壮絶な兄弟喧嘩は、弟レギンの勝利で幕を閉じたのだった。

この時、黄金の他にファヴニールが父フレイズマルから奪ったとされる「エギルヒャールム（恐怖の兜）」もシグルズの手にわたった。この兜は見たものを震え上がらせ、逃げ出させてしまうほど怖かったと言い伝えられており、その逸話がそのまま名前の由来となっている。

ファヴニールは、リヒャルト・ワーグナーの戯曲『ニーベルングの指輪』でも財宝の番人として登場している。またファヴニールという名前には「抱擁するもの」という意味もあるので、ゲームや小説、漫画では、黄金に正気を失った強欲者のファヴニール像とはかけ離れた解釈をされることもある。単なる竜の呼称や兵器の名前にも、ファヴニールの名前が使われるのはこのためだろう。その他、相手を石化させる能力を持つこともあるようだ。エギルヒャールムを身につけていることから、武装化した竜の先駆者ともいえるだろう。

シグルズ

Sigurðr

人間

ミズガルズ

ヒーローの資質を備えた竜殺しの英雄

北欧の代表的な英雄譚のひとつ『ウォルスンガ・サガ』に描かれる英雄、シグルズ。彼は、ドイツに古くから伝わるニーベルンゲン伝説の主人公ジークフリードのモデルとなった人物だ。

シグルズはグラムという魔剣を持つ。この剣は実父シグムンド王が、最高神オーディンから与えられたものなのだが、シグムンドを自身の戦士エインヘリヤルに欲したオーディンによって折られてしまう。シグムンドは折れたグラムを幼い息子、シグルズに授けて戦死。シグルズは鍛冶師のレギンに引き取られた。レギンはシグルズを勇敢に育て、魔剣グラムを再び鍛え直して与えたのである。レギンの目的は、竜と化した実の兄ファヴニールをシグルズに殺させ、竜が独占する莫大な黄金を手に入れることだった。

レギンの望みどおり、魔剣グラムの力を借りたシグルズは、ファヴニールを倒すことに成功する。その時、竜の返り血を浴びたシグルズは、動物の言葉を理解することができるようになったという。ちなみに、ニーベルゲンの伝説で、同じく竜の返り血を浴びたジークフリードは、1枚の葉がついて血を浴びなかった背中を除いてあらゆる刃物を通さなくなった。

シグルズはファヴニールを倒し、黄金と指輪アンドヴァラナウトを手に入れたが、指輪には小人アンドヴァリによる呪いがかけられていたため、レギンを殺害してしまう。さらに戦乙女ブリュンヒルド［→P204］との結ばれぬ恋に身を焦がすなど破滅への道を歩んでいった。

不死の肉体と魔剣によって無敵の強さを手に入れ、悲劇的な運命を背負うシグルズは、ファンタジーに登場する英雄の手本のようなキャラクターだ。ドラマ的な要素も多いため、ゲームや漫画では数多くの作品に登場し、プレイヤーが操作する主人公として使用されるようだ。

ブリュンヒルド

Brynhildr

ヴァルキューレ（人間）

ヴァルハラ宮殿（アースガルズ）／ミズガルズ

悲劇に見舞われた戦乙女

最高神オーディンに仕える戦乙女ヴァルキューレのひとり。ブズリ王の娘で、アトリ王の妹といわれる。ワーグナーの歌劇『ニーベルングの指輪』では、オーディンと女神エルズの間にうまれた子とされている。

ルーン文字の知識や魔術の知識を持っていた才色兼備の女性。英雄シグルズと恋に落ち、彼の悲劇の原因となった。

戦場の女神、死の女神、シグルドリーヴァなど

白鳥の羽衣

白鳥に変身できる羽衣。ヴァルキューレはこの羽衣を身にまとって白鳥に姿をかえ、戦場を飛びまわって勇敢な戦士の魂を見定めた。ヴァルキューレに導かれた戦死者の魂はヴァルハラ宮殿で手厚くもてなされ、最終戦争ラグナロクでは神々の尖兵エインヘリヤルとなる

戦士の命運を決定すべく戦場を駆ける

最高神オーディンに仕え、最終戦争ラグナロクのために勇敢な戦士の魂をヴァルハラ宮殿へ導く戦乙女ヴァルキューレ。天駆ける馬に跨って戦場を駆けめぐり、時には白鳥の羽衣をまとって白鳥に姿をかえ、戦士の命運を定めた。

彼女たちの出自はさまざまで、アース神族だけでなく巨人族や人間の娘もいた。ヴァルキューレたちはしばしば人間の英雄と恋に落ち、彼らを過酷な運命へと追いやることもあった。その代表が、ブリュンヒルドだ。

ブリュンヒルドはある時、オーディンに逆らって本来なら戦死するべき王に勝利を与えてしまう。これに怒ったオーディンは、ブリュンヒルドを灼熱の炎に囲まれた城で眠りにつかせる。この眠りの呪縛からブリュンヒルドを目覚めさせたのが、悪竜ファヴニール殺しの英雄シグルズだった。

愛に身を焼き滅ぼした戦乙女

目覚めたブリュンヒルドはシグルズと恋に落ち、ふたりは終生の愛と忠誠を誓いあう。しかし、婚礼を済ませる前にシグルズが立ち寄ったギューキ王の館で悲劇が起こる。一説によると娘グズルーンの婿にシグルズを望んだ王妃により、シグルズは忘れ薬を飲まされブリュンヒルドのことを忘れてしまうのだ。

シグルズはグズルーンと結婚。あろうことか、義兄グンナルの願いに応じ、ブリュンヒルドをだましてグンナルと結婚させてしまう。意に沿わずグンナルの妻となったブリュンヒルドは、ひょんなことからグズルーンと言い争いになり、シグルズがグンナルのふりをしてブリュンヒルドとの結婚を取りつけたと知る。シグルズの裏切りに、かつての愛が憎しみへとかわったブリュンヒルドは、夫グンナルを唆《そそのか》してその弟にシグルズを暗殺させる。自らの望みとはいえ最愛の人を失ったことで、生きる気力をなくしたブリュンヒルドは、シグルズとともに火葬してくれるよう言い残し、自ら命を絶った。

このブリュンヒルドの悲恋物語は、うら若い乙女ならではの冷酷さと、自らが見こんだ男性に情熱的な愛を捧げるというヴァルキューレの特質をよく表している。ゲーム作品などでもこうした特質が取り上げられ、愛に身を焦がす狂気を持ったキャラクターとして登場している。

北欧神話　キャラクター&種族リスト

ア〜

アース神族……女性形はエーシル。最高神オーディンを主神としたアースガルズに住む神。ブーリがその始祖である。

アールヴ（妖精族）……日本では妖精と訳されることが多い。容姿の美しいリョースアールヴ（白妖精）と黒くて醜いデックアールヴ（黒妖精）がいる。

アウズフムラ……原初の世界にあった氷塊が溶けて滴った雫からユミルとともにうまれた原初の牝牛。彼女が舐めた氷の中からブーリがうまれる。

アウルボザ……豊穣神フレイの妻ゲルズの母親で、山の巨人だといわれる。

アグナル……オーディンの妻フリッグに養われていた人間。フリッグによって心優しく育ったが、弟のゲイルロズに虐げられていた。オーディンが彼らの様子を見に、旅人に身をやつして現れた際、弟にいたぶられるオーディンを助けた。のちに死んだ弟の跡を継いで王となったといわれるが、アグナルと同名のゲイルロズの息子が王となったとされる場合もある。

アスクとエンブラ……北欧の神々によってつくられた初めての人間。アスクが男性、エンブラが女性である。

アングルボザ……邪神ロキの妻となった巨人で、3人の巨人フェンリル、ヨルムンガンド、ヘルの母親だと考えられている。巨人の国ヨトゥンヘイムに住んでいるとされるが、詳細は記されていない。→P136

アンドヴァリ……富を増やす指輪アンドヴァラナウトを所有していた小人。魚に変身する能力を持っている。→P198

アンナル……夜の女神ノートの2番目の夫で、トールの母とされるヨルズの父親。

イーヴァルディ……鍛冶屋を営む小人とその息子たち。ロキに頼まれてシヴの黄金のかつら、魔法の船スキーズブラズニル、オーディンの武器グングニルをつくった。

イズン……若返りのリンゴを管理する女神。夫は詩人のブラギ。巨人シアチにさらわれたことがある。別名であるイズーナも有名。→P94

ヴァーリ……アーリとも。オーディンの息子で弓の名手。ロキの策略によって死んだバルドルの復讐のため、オーディンがリンドという女巨人にうませ、一晩で成人にまで成長したという。ラグナロクを生き残る。

ヴァーリ……ロキとその妻シュギュンとの間の子どもとされる。父の罰のためにオオカミへと姿を変えられ、兄弟のナリを殺してしまう。オーディンの息子とは同名だが別人。

ヴァール……誓いの女神。誓いを破ったものには罰を与えるという。

ヴァフスルーズニル……オーディンと知恵比べをした老巨人。→P164

ヴァルキューレ……オーディンに仕える戦乙女。死者の魂をオーディンの館ヴァルハラ宮殿に導くため、戦場を天馬に乗って駆け回る。ドイツ語ではワルキューレ、英語ではヴァルキリー。

ヴァン神族……ヴァナヘイムに住む神。フレイ、愛と美の女神フレイヤ、航海の神ニョルズがこれにあたる。「光り輝く者」の意で、未来を読むセイズ呪術が得意だったという。

ヴィーダル……ヴィーザルとも。オーディンと女巨人グリーズの息子。特殊なサンダルを武器に父を倒したフェンリルを討った。ラグナロク後も生き残る。→P106

ヴィゾフニル……世界樹ユグドラシルの頂上に住む雄鶏で光輝く体を持つ。魔剣レーヴァテインでしか殺せない。大鷲フレスヴェルグとは混同されやすいが別の鳥である。

ウートガルザ・ロキ……ウートガルズという都市を治める巨人族の王。ロキやトールと力比べをした際には、得意の幻術で騙して勝利した。→P166

ウールヴヘジン……オオカミの皮を被った狂戦士。ベルセルクと同一視されることもある。

ヴェー……オーディン3兄弟の末子。一説によるとはじめての人間アスクとエンブラに、表情、言葉、聴覚、視覚などを与えたという。

ヴェリ……ヴィリとも。オーディン3兄弟の次男。一説によるとはじめての人間アスクとエンブラに、知恵と動く力などを与えたという。

ヴェルザンディ……→ノルンを参照。

ヴェルンド……人間の鍛冶師で天気を正確に当てる能力を持つという。白鳥の羽衣を脱いで水浴びをしているヴァルキューレを妻にしたが、隠していた衣を見つけた妻は天界へ帰ってしまう。失意の末、妻を想い腕輪をつくり続けるヴェルンドだったが、その噂を聞きつけたニャーラル国の王に腱を切られて幽閉され、王の宝をつくり続けることになる。王に復讐すべくヴェルンドは黄金をエサに王のふたりの息子を殺し、その遺体でつくった宝物を王に献上。さらに、王の娘を乱暴して孕ませた。復讐後に腱が治癒したヴェルンドは、翼の羽衣でどこかへ飛び去ったという。

ヴォルスング……子宝に恵まれなかった夫婦が、フリッグから子宝のリンゴを与えられてうんだ子。フンの国王。戦乙女フリョリーズと結婚し英雄シグムンドら11人の子どもをもうけた。

ウル……トールの妻シヴの連れ子で狩猟の神。オレルスという別名を持つ。

ウルズ……→ノルンを参照。

エイル……すべての治療に精通する女神で「最良の医者」とも呼ばれる。薬草に詳しく、ヴァルキューレのひとりでもある。

エインヘリヤル……戦死者の内、オーディンのヴァルハラ宮殿に迎え入れられた勇敢な戦士たちのこと。

エーギル……海で溺れ死んだものを迎え入れる巨人で妻はラーン。神々を招いて度々宴会を開くという。娘が9人おり「波の乙女」と呼ばれる。

オーズ……フレイヤの夫。フレイヤの不貞を知ったオーズは彼女のもとを去り、二度と会うことはなかった。記述が少ないため詳細は不明で、オーディンと同一人物だとされることもある。

オッタル……オトとも。人間の国ミドガルズで宿を営むフレイズマルの息子。カワウソに変身して魚を捕っていたところをロキに殺されてしまう。オトと訳されることも。

オッタル……フレイヤの愛人。アンガンチュールという人物と先祖の名前の暗唱比べをした際、彼を助けようとしたフレイヤは、友人の女巨人ヒュンドラに記憶の麦酒を譲るよう頼んだ。しかし、それに機嫌を損ねたヒュンドラがオッタルに呪いをかけようとしたため、フレイヤは神々の加護を願った。オッタルとアンガンチュールの決着については、記載がないので不明。

オーディン……神々の父とも呼ばれる北欧神話における最高神。妻はフリッグ、息子には雷神トールや光の神バルドルなどがいる。ラグナロクでは魔狼フェンリルに倒される。水曜日を意味する英語「Wednesday」は彼の名から取られた。→P36

カ～

ガルム……死者の国ニヴルヘル(ヘル)にあるヘルの館を守る巨大な番犬。ラグナロクでは軍神チュールを倒す。

ギュミル……フレイの妻ゲルズの父で海の巨人。

ギュルヴィ……魔法の知識に長けたスヴィジオーズ国を統べる王。神々が強大な力を持つ理由を訪ねるべく神々の国アースガルズへ旅する。神々は予言の力でギュルヴィの行動を知り、幻術をかけた土地で彼と対峙。神々からこの世の成り立ちからラグナロクまでの物語を聞いたギュルヴィは、国に戻って人々に神々の物語を伝えたという。スウェーデン王国最古の王といわれている。

クヴァシル……アース神族とヴァン神族の抗争終了時に、和睦の印としてつくられた賢い人間。その材料は神々の唾だったという。自分の持つ知識を世界中に広めようと旅をはじめたが、フィアラルとガラルという小人に殺されてしまった。グヴァシルの血は蜂蜜と混ざったことで、賢者の蜜酒となった。

グズルーン……英雄シグルズの妻。兄に戦乙女ブリュンヒルドの夫グンナルがいる。彼女がブリュンヒルドにシグルズとの結婚の秘密を打ちあけてしまったため、ブリュンヒルドはシグルズを殺させ、自らも命を断ってしまった。

グナー……オーディンの妻フリッグに仕える女神。

グラニ……灰色の毛並みをした牝馬で、英雄シグルズの愛馬。オーディンの愛馬スレイプニルの血を引くといわれている。

グリーズ……オーディンの息子ヴィーダルの母である女巨人。トールに卑怯な戦いを挑んだ霜の巨人ゲイルロズからトールを助けるために、自分の持っている魔法道具を貸した。

グリンブルスティ……小人のブロックとシンドリがつくった光輝くイノシシ。水中や空中をどんな馬よりも早く駆けるフレイの乗り物。

グルヴェイグ……アース神族とヴァン神族の抗争が起こるきっかけとなった魔女。その種族は不明だが、ヴァン神族が得意だったセイズ呪術の使い手だったため、ヴァン神族だとされることが多い。フレイヤと同一視されることも。

→P68

グルファクシ……オーディンの愛馬スレイプニルと肩を並べるほどの駿馬。巨人フルングニルの愛馬だったが、トールとの決闘の末フルングニルが死んだため、グルファクシはトールの息子マグニに与えられた。

グンロズ……巨人スットゥングの娘でオーディンの愛人となった女巨人。一説によると、父スットゥングに命じられて賢者の蜜酒を守っていたが、オーディンに唆されて蜜酒を奪われてしまった。

グンナル……英雄シグルズの妻グズルーンの兄。戦乙女ブリュンヒルドと結婚する。ふたりの結婚の経緯については本文で紹介した話の他に、グンナルの馬ではブリュンヒルドのもとへたどり着けなかったため、グンナルのふりをしたシグルズがブリュンヒルドに求婚した話がある。いずれにせよ、その後の結末は同じであるようだ。

ゲイルロズ……ゲイルレズとも。霜の巨人。ロキを捕らえてトールに丸腰で自分の城を訪れるように脅迫する。ところが、女巨人グリーズの助けを得たトールに敗北し、ふたりの娘とともに殺された。

ゲイルロズ……オーディンに養われていた人間。オーディンによって勇敢に育てられたが、兄アグナルを見下すようになり、暴虐な王として即位する。彼らの様子を見に旅人に身をやつして現れたオーディンをいたぶったために殺されたともいわれる。同名の巨人とは別人。

ゲフィオン……アース神族の女神。フレイヤの別名だともいわれる。オーディンから新しい土地を見つけるようにいわれたゲフィオンは、巨人との間にうまれた4人の息子を牛に変えて大地を鋤かせ、セルンド島(現在のデンマークにあるシェラン島)をつくった。

ゲリとフレキ……オーディンの従者を務める2匹のオオカミ。どちらも貪欲を意味し、玉座フリズスキャールブの番をしている。

ゲルズ……父は海の巨人ギュミル、母は山の巨人アウルボザ。その美貌からフレイに一目惚れされ、彼の従者スキールニルに脅されるようにして妻となったが、夫婦仲は良く幸福な夫婦の象徴とされている。息子にフィヨルニルというスウェーデン王がいる。

ゲルセミ……フレイヤとオーズの娘。姉フノスと同じく宝石という意味を持つため、同一人物だという説もある。

サ～

サーガ……アース神族の女神。なにかを見る、知らせるものを意味するのではないかといわれる。フリッグの別名ではないかと考えられているが、詳細は不明。英雄伝説を記した物語群「サガ」とは別物である。

シアチ……ニョルズの妻スカジの父である巨人。鷲に変身する能力を持つ。ロキを脅してイズンを略奪し、若返りのリンゴを手に入れようとしたが、失敗して殺された。オーディンはスカジへの償いとしてシアチの眼球を天の星にしたという。→P156

シヴ……トールの妻で美しい金髪を持っている。トールとの間にスルーズとモージをもうけたといわれている他、ウルという連れ子がいたが、それ以上のことはわかっていない。→P60

シギュン……ロキの妻で彼との間には、ヴァーリとナリという子どもがいるといわれている。種族は不明。バルドルを殺した罰として、岩に貼りつけられて頭上に毒蛇を仕掛けられたロキを蛇の毒液から守るために、器で毒を受け止めたという。→P138

シグムンド……11人兄弟の長男でシグルズの父。オーディンから剣を与えられたシグムンドに嫉妬した義弟のシゲイルは、シグムンド兄弟の処刑を試みる。だが、シゲイルの妻でありシグムンドの妹シグニューの機転により生き残ったシグムンドは、シグニューとの間に息子シンフィヨトリをもうける。成長したシンフィヨトリはシゲイルの息子たちを殺して館に火をつけ、父の復讐を果たした。その後王位についたシグムンドは王妃ボルグヒルトの間に、ヘルギとハームンドをもうけた。しかし、ボルグヒルトがシンフィヨトリを毒殺したため、彼女を追放。次の王妃にヒョルディースを娶ろうとしたが、彼女をめぐって他国と戦争になる。先陣を切るシグムンドの前に現れたオーディンが、彼の剣を叩き折って去ったためにシグムンド軍は敗退。シグムンドはヒョルディースに、彼女との子どもシグルズと折られた剣を託して死んだ。

シグルズ……英雄シグムンドの息子で魔剣グラムの所持者。竜ファヴニールの討伐や戦乙女ブリュンヒルドとの悲恋などが有名。ドイツ語読みのジークフリードの名でも知られる。ドイツの英雄譚『ニーベルンゲンの歌』に登場するジークフリードとは、同一起源の人物だが別人である。
→P202

霜の巨人……原初の巨人ユミルからはじまった巨人。神々の敵として描かれ、その容姿は巨体や獣型などさまざまである。

シャールヴィ……トールとロキがウートガルドへ行く道中に出会った人間の男の子。トールの所有する魔法のヤギ、タングニョースルとタングリスニルを負傷させてしまったため、罰として妹のレスヴィとともにトールの従者となった。足と頭の回転が速く、トールが巨人のゲイルロズやフルングニルと戦った際にも活躍したという。

シンフィヨトリ……シンフィエトリとも。英雄シグムンドとその妹シグニューの息子で、シグルズの異母兄。義父シゲイルの息子として育てられたが、シグムンドと交流するうちにシゲイルを憎むようになり、シゲイル一族を皆殺しにして館に火をつけた。その際夫とともに死ぬことを決意した母シグニューから自分の出生を知らされる。その後、継母ボルグヒルトの弟と女性をめぐって対立したシンフィヨトリは、ボルグヒルトの怒りを買って毒殺された。

シンモラ……炎の巨人ムスッペルの長スルトの妻。ロキの鍛えた魔剣レーヴァティンの保管者。

スカジ……シアチの娘でスキーや狩猟を司る。父の仇討ちのためアースガルドに乗り込み、和解の条件として足だけで婿を選び、ニョルズと結婚した。→P158

スキールニル……フレイの従者で交渉術や魔術に優れるが、その正体は不明である。フレイのもとにゲルズを連れてくる報酬として、フレイの宝剣と名馬フレイファクシを与えられた。→P86

スキンファクシ……昼の神ダグが御する天馬。光輝くたてがみをもち世界を照らす。

スクルド……ノルンを参照。

スコルとハティ……太陽の女神ソールと月の神マーニを狙い続けているオオカミ。ソールをスコルが、マーニをハティが追いかける。

スットゥングとバウギ……巨人の兄弟。フィアラルとガラルから両親を殺した賠償として譲り受けた賢者の蜜酒を守る。→P170

スヴァジルファリ……神々の住むアースガルズの城壁をつくった巨人の愛馬。力持ちで働き者だが、牝馬に変化したロキに誘惑されて仕事を放棄してしまう。この時ロキとの間にうまれた子どもが、オーディンの愛馬スレイプニルであるという。

スリュム……盗み出したトールの大槌ミョルニルと引き換えに、フレイヤを要求した巨人。しかしフレイヤの代わりに女装してやってきたトールに殺された。→P172

スルーズ……スルージとも。トールとシヴの娘といわれるが定かではない。モージとは兄弟。ヴァルキリーに所属する。

スルト……炎の巨人ムスッペルの長。妻はレーヴァティンの保管者シンモラ。炎の剣を持っており、ラグナロクの際にはこの剣を携えて現れ、世界を焼き尽くした。フレイと対決し勝利する。→P152

スレイプニル……灰色の毛並みを持つオーディンの愛馬。巨人の愛馬スヴァジルファリと牝馬に変身したロキとの間にうまれた。世界一の俊馬で、どの国にも移動できる8本の脚をもつ。→P182

ソールとマーニ……太陽と月の神。もとは人間だったが、父ムンディルフェリが彼らにつけた名前が神々の怒りを買い、昼夜交替制で太陽と月を乗せた馬車をひかせられることになった。→P186

タ～

ダーインとドヴァリンとドゥネイルとドゥラスロール……世界樹ユグドラシルの葉を食べる4匹の鹿。

ダグ……夜の女神ノートの息子で昼の神。オーディンから天馬スキンファクシが引く馬車を与えられ、世界をまわり続けている。

タングニョースルとタングリスニル……トールの所有する2匹のヤギ。肉を食べられても骨と皮さえ残っていれば、大槌ミョルニルで清めると復活する。しかし、シャールヴィが腿の骨を傷つけたため復活できなかった。

チュール……テュールとも。オーディンの息子とも巨人ヒュミルの子ともいわれる軍神。魔狼フェンリルを拘束した際に右手を喰われて隻腕となる。ラグナロクでは番犬ガルムに倒される。火曜日を意味する英語「Tuesday」は彼の名から取られた。→P62

デックアールヴ(黒妖精)……地下に住む黒くて醜い容姿をしたアールヴ(妖精)。その容姿から小人と同一視されることもある。

デリング……夜の神ノートの3番目の夫で昼の神ダグの父。曙光を意味するアース神族だと考えられているが、名前しか登場しないため詳細は不明。

トール……オーディンと女巨人ヨルズの間にうまれたとい

う雷神。アース神族最強の怪力を誇り、大槌ミョルニルを武器とする。→P42

ドヴェルグ（小人族）……原始の巨人ユミルの死体からつくられた、邪悪で好色な小さい種族。鼻周辺が青白くて死人のような外見をしている。地中や岩の中に住み朝日を浴びると石化するといわれているが、手先が器用で鍛冶が得意。

ナ〜

波の乙女……海を司る巨人エーギルとその妻ラーンの9人の娘。ヘイムダルの母であるといわれている。

ナリ……ロキとその妻シュギュンの子でヴァーリの兄弟。オオカミとなったヴァーリに引き裂かれて殺され、その腸はバルドル殺害の罰を受けるロキを拘束する際に使われた。ナルヴィという別名をもつが、ナルヴィは別人でナリの兄弟だという説もある。

ナンナ……オーディンの子バルドルの妻。バルドルとの子に正義の神フォルセティがいる。バルドルが死んだ時に悲しみにうちひしがれて死んだという。

ニーズヘグ……ニーズホグとも。極寒の国ニヴルヘイムにある猛毒の泉フヴェルゲルミルに住む竜（蛇とも）。世界樹ユグドラシルの根をかじっており、死者の血をすする。ラグナロクを生き延び、死者をその背に乗せて飛び去ったという。→P188

ニョルズ……フレイ、フレイヤ兄妹の父で航海の神。アース神族とヴァン神族の抗争の際、ヴァン神族からの人質として神々の国アースガルズへ送られた。父シアチの復讐にやってきた女巨人スカジに足を見初められて夫婦となる。→P84

ノート……夜の女神。髪も体もうまれつき黒くて暗い女巨人だったとされている。最初の夫で死者の船ナグルファルの擬人化であるナグルファリとの間に息子アウズを、次の夫アンナルとの間にトールの母ヨルズを、3番目の夫で曙光を意味する神デリングとの間に昼の神ダグをうんだという。オーディンからフリームファクシの引く馬車を与えられて世界をまわり続けている。

ノルン……運命の女神たちの総称。複数形はノルニル。神々の国アースガルズにあるウルズの泉のほとりに住み、世界樹ユグドラシルの管理をしている。妖精族や巨人族など様々な種族がいるが中でも重要視されるのが、ウルズ、ヴェルザンディ、スクルドの過去、現在、未来を司る3女神だ。→P100

ハ〜

バルドル……オーディンとその正妻フリッグの子。妻ナンナとの間に正義の神フォルセティがいる。ロキの策略によって弟ヘズに殺されてしまうが、ラグナロク後に復活した。→P48

ヒューキとビル……月の神マーニに付き従う兄弟。

ヒュミル……トールと力比べをしたという海の巨人。酒を醸造する大釜を持っている。→P174

ヒュンドラ……フレイヤの友人で女巨人。記憶の麦酒を所有する。

ファヴニール……フレイズマルの息子。兄弟オッタルを殺したロキから、賠償として父がもらった呪いの指輪アンドヴァラナウトに魅せられ、弟レギンとともに父や兄弟たちを殺害する。もとは人間（小人とも）だったが、指輪を守るために竜へと変化した。英雄シグルズに倒される。→P200

ブーリ……アース神族の祖。牝牛アウズフムラが舐めた氷の中から誕生した。一説によると原始の巨人ユミルに殺害されたという。

フィアラルとガラル……ガラールとも。賢者クヴァシルを殺し、その血と蜂蜜を混ぜて賢者の蜜酒をつくった小人の兄弟。巨人のスットゥングとバウギの両親を殺した償いとして、彼らに賢者の蜜酒を譲った。

フェンリル……ロキと女巨人アングルボザの子といわれ、大蛇ヨルムンガンド、冥界の女王ヘルの兄。オオカミの姿をした巨人で、軍神チュールの右手を食いちぎった。ラグナロクではオーディンを食い殺すも、その息子ヴィーダルに斬殺される。→P118

フォルセティ……バルドルとその妻ナンナの子。正義を司る神でアース神族の中で最も賢明で雄弁だという。グリトニルという輝く宮殿に住む。

フギンとムニン……オーディンの使役する2羽のカラス。夜明けになると世界中を視察しにいき、朝食までには戻ってきて見聞きした情報をオーディンへもたらすという。

フッラ……オーディンの正妻フリッグの侍女。

フノス……愛と美の女神フレイヤとその夫オーズの娘。妹にゲルセミがいるが、同一人物とされる場合もある。

ブラギ……女神イズンの夫でオーディンの息子。長い顎髭が生えているといわれる詩の神。

フリームファクシ……夜の女神ノートが御する天馬。轡から滴らせる泡で谷に露を生じさせる。

フリーン……オーディンの正妻フリッグの侍女。人間を守護するという。フリッグの別名でもある。

フリッグ……オーディンの正妻でバルドルの母。結婚を祝福する神で、彼女の持つリンゴは子どもを授けるという。愛と美の女神フレイヤと混同されることがある。→P58

ブリュンヒルド……戦乙女ヴァルキリーのひとりだったが、オーディンに逆らったため、勇敢な男が来るまで炎の中で眠り続けるという罰を与えられた。その後、英雄シグルスと出会い目を覚まして恋に落ちたが、策略によって結婚できなかったためシグルズを殺させ、自ら命を絶った。彼女の別名とされるシグルドリーヴァは、別人格だという説もある。→P204

フルングニル……トールとの決闘に敗れた巨人。駿馬グルファクシのもとの持ち主。→P176

フレイ……フレイヤの兄であるヴァン神族。白妖精の国アールヴヘイムを統治する。女巨人ゲルズを嫁に迎えるため名馬フレイファクシと宝剣を手放したため、ラグナロクでは炎の巨人ムスッペルの長スルトに倒される。ユングヴィまたはイングという別名をもつ。→P78

フレイズマル……竜ファヴニールの父。息子オッタルが殺された賠償に、ロキから呪いの指輪アンドヴァラナウトをもらうが、その指輪のせいで息子たちに殺された。

フレイファクシ……炎も飛び越えることができるフレイの馬。

フレイヤ……美と愛を司るヴァン神族で、セイズ呪術の使い手。航海の神ニョルズの娘でフレイの妹。首飾りブリーシンガメンを手に入れるために不貞を働き、夫オーズとは生き別れとなった。金曜日を意味する英語「Friday」は彼女の名から取られた。→P72

フレスヴェルグ……世界樹ユグドラシルの頂上に住む大鷲の姿をした巨人。竜ニーズヘグとは仲が悪い。→P178

ブロックとシンドリ……ブロックルとエイトリとも。黄金のイノシシ、グリンブルスティン、大槌ミョルニル、腕輪ドラウプニルをつくった小人の兄弟。→P194

ヘイムダル……波の乙女を母にもつというアース神族。アースガルズに架かる虹の橋ビフレストの番人で、角笛ギャラルホルンを吹いて危険を知らせる。ラグナロクではロキと対決して相討ち。→P88

ヘーニル……知恵の巨人ミーミルの兄。アース神族とヴァン神族の抗争の際、ヴァン神族側へ送られた人質。容姿端麗だが優柔不断だった。ラグナロクを生き残るが詳細は不明。

ヘジンとホグニ……フレイヤが首飾りブリーシンガメンを取り戻す代償として、永遠に戦わせ続けるよう仕向けたふたりの人間の王。この戦いをヒャスニングの戦いという。

ヘズ……ホズとも。オーディンとその妻フリッグの子。ロキに騙されて兄バルドルを殺してしまったため、異母弟ヴァーリに殺される。ラグナロク後は兄とともに復活する。→P54

ベストラ……原始の巨人ユミルの娘で霜の巨人。オーディン3兄弟の母といわれる。

ベリ……豊穣の神フレイに殺された巨人。フレイの妻ゲルズの兄だという説もある。

ヘル……ロキと女巨人アングルボザの子で、魔狼フェンリル、大蛇ヨルムンガンドの妹。体の半身が壊死していると考えられている。死者の国ニブルヘル（ヘル）の女王として君臨し、藁の死（疫病や老衰で死ぬこと）を支配する権限を持つ。→P130

ヘルギ……ヒョルバズルと絶世の美女シグルインの子。戦乙女スヴァーヴァと恋に落ちたが命を落としてしまい、英雄シグムンドとその王妃ボルグヒルドの子として生まれ変わった。転生後は「フンディング殺しのヘルギ」という異名を持つ英雄となり、スヴァーヴァの生まれ変わりである戦乙女シグルーンと恋に落ちる。しかしまたもや命を落としてしまったヘルギは、戦士エインヘリヤルとなった。ヘルギとの2度目の別れを悲しんだシグルーンのために、一度だけ現世へ戻って一夜をともにしたという。その後、スウェーデンの王子に転生したヘルギは戦乙女カーラに転生したシグルーンと結ばれるも、ヘルギが戦中で振り上げた剣がカーラの足に当たって彼女は墜落死。カーラの加護を失ったヘルギも戦死してしまった。

ベルゲルミル……原始の巨人ユミルが殺され、大洪水が起こった際に生き残った霜の巨人。この時生き延びたのは彼と彼の妻だけだったという。

ベルセルク……熊の毛皮を被った狂戦士。オーディンによる神通力を受けており、人間とは思えないほどの怪力で痛みも感じない。英語ではバーサーカー（berserker）と訳される。→P190

ヘルモーズ……オーディンの息子。光の神バルドルが死んだ際、死者の国ニブルヘル（ヘル）から彼を連れ戻すため、冥界の女王ヘルのもとへ向かった。→P56

ボル……最初の神ブーリの子でオーディン3兄弟の父。妻は原始の巨人ユミルの娘ベストラ。

マ～

マグニ……トールと女巨人ヤールンサクサの子。生後3日の頃に、トールと巨人フルングニルが決闘した際、倒れたフルングニルの下敷きになった父を助け、フルングニルの愛馬グルファクシを褒美として与えられる。ラグナロクを生き残る。→P108

ミーミル……オーディンの叔父にあたるとされる知恵の巨人。アース神族とヴァン神族の抗争の際、人質として兄ヘーニルとともにヴァン神族に送られたが、斬首されて送り返された。しかし、オーディンが首だけ生き返らせて、巨人の国ヨトゥンヘイムにあるミーミルの泉の番人とした。オーディンも羨むほどの知恵をもつ。→P146

ムスッペル（炎の巨人）……灼熱の国ムスペルヘイムに住む巨人。スルトが首領を務める。耐熱性のある強靭な体を持ち、ラグナロクの際には神々の敵として現れるという。

ムンディルフェリ……ムンディルファリとも。太陽の女神ソールと月の神マーニの父。

モージ……トールとその妻フリッグの子で、スルーズの兄だといわれるが定かではない。トールとヤールンサクサの子マグニらとともに、ラグナロクを生き残る。

ヤ～

ヤールンサクサ……トールの妻で、その子マグニの母である女巨人。

ユミル……原始の世界で牝牛アウズフムラとともにうまれた巨人。霜の巨人たちの祖でオーディンの祖父にあたる。オーディンに殺され、その遺体は世界をつくる材料になった。→P140

ヨルズ……大地の化身と考えられる女神。一説によるとオーディンの妻でトールの母だという。

ヨルムンガンド……ロキと女巨人アングルボザの息子。ラグナロクではトールと相討ちとなった。人間の国ミドガルズを取り巻くほど巨大なため、ミズガルズオルムという別名を持つ。→P124

ラ～

ラタトスク……竜ニーズヘグと大鷲フレスヴェルグの間を行き来し、ふたりの罵りあいを伝えているリス。

ラーン……海の巨人エーギルの妻で、波の乙女の母。魔法の網を所持している。

リーヴとリーヴスラシル……ラグナロクを生き残った人間。リーヴが男性でリーヴスラシルが女性。

リョースアールヴ(白妖精)……太陽のように美しいアールヴ(妖精)。フレイが統治するアールヴヘイムに住む。

リンド……オーディンの子ヴァーリをうんだ女巨人。

レギン……フレイズマルの子で兄弟にはファヴニールとオッタルがいる。英雄シグルズの父シグムンドから託された剣を鍛え直して、魔剣グラムをつくった。シグルズの養父としてシグルズを育て上げ、ファヴニールを倒して欲しいと依頼。ファヴニールを倒したシグルズを殺そうとしたため、返り討ちにあった。

ロキ……霜の巨人だがオーディンと兄弟の契りを交わしてアース神族に迎え入れられた邪神。ラグナロクでは3人の子とともに、神々の敵となる。魔剣レーヴァティンを鍛え上げた。→P112

参考文献

『北欧神話』バードリック・コラム著／尾崎　義訳（岩波書店）
『いちばんわかりやすい　北欧神話』杉原梨江子著（実業之日本社）
『図解　北欧神話』池上良太著（新紀元社）
『いちばん詳しい「北欧神話」がわかる事典　オーディン、フェンリルからカレワラまで』森瀬　繚著（ＳＢクリエイティブ株式会社）
『一冊でまるごとわかる北欧神話』吉田敦彦著（大和書房）
『ゲーム制作者のための北欧神話事典』松之木大将著／杉原梨江子監修（翔泳社）
『北欧・ケルトの神々と伝説の武器がわかる本』かみゆ歴史編集部編・著（角川学芸出版）
『本当は怖い世界の神話』かみゆ歴史編集部編・著（イースト・プレス）
『残酷すぎる世界の神話』かみゆ歴史編集部編・著（イースト・プレス）

◎本書は2016年7月に小社より単行本として刊行されたものに加筆・修正し文庫化したものです。

文庫ぎんが堂

ゼロからわかる
北欧神話

2017年4月20日　第1刷発行

著者　かみゆ歴史編集部

ブックデザイン　タカハシデザイン室
本文イラスト　安里、竹村ケイ、藤科遥市
本文執筆　稲泉 知、飯山恵美、高宮サキ、青木一恵、烏丸 桂
本文DTP　松井和彌

編集・発行人　北畠夏影
発行所　株式会社イースト・プレス
〒101-0051　東京都千代田区神田神保町2-4-7　久月神田ビル
TEL 03-5213-4700　FAX 03-5213-4701
http://www.eastpress.co.jp/

印刷所　中央精版印刷株式会社

ISBN978-4-7816-7156-7

あらすじとイラストでわかる聖書
知的発見！探検隊

『聖書』は、古代イスラエルの成り立ちや預言者のエピソードをまとめた『旧約聖書』と、キリストの生涯や教えが記された『新約聖書』のふたつがある。今もなお人々に多大な影響を与えている「人類史上最大のベストセラー」をあらすじとイラストとともに紹介。

定価　本体571円＋税

あらすじとイラストでわかる仏教
知的発見！探検隊

仏教は6世紀半ばに中国を経て日本に伝わった。語句や習慣、冠婚葬祭など、私たちの生活に深く結びついている仏教だが意外と知られていないことも多い。本書ではその起源、歴史、経典、お釈迦さまの生涯や、仏像の鑑賞ポイント、仏事などをわかりやすく紹介。

定価　本体571円＋税

あらすじとイラストでわかる神道
知的発見！探検隊

神道は日本の風土や気候と強く結びついており、実は罪悪感や美意識といった精神的な価値観にまで深く影響を与えている。あまりにも身近で普段は意識されない日本特有の宗教を様々なエピソードとともにひも解き、日本と日本人の心の原点をさぐる。

定価　本体571円＋税